El brillo de mi sombra

El brillo de mi sombra
D.R. © 2021 | Daniella Pérez Rojano

Primera edición, agosto 2014
Segunda edición, diciembre 2021
Edición: Editorial Shanti Nilaya®
Diseño editorial y portada: Editorial Shanti Nilaya®

ISBN | 979-8-9855115-2-9
eBook ISBN | 979-8-9855115-1-2

La reproducción total o parcial de este libro, en cualquier forma que sea, por cualquier medio, sea éste electrónico, químico, mecánico, óptico, de grabación o fotocopia, no autorizada por los titulares del copyright, viola derechos reservados. Cualquier utilización debe ser previamente solicitada. Las opiniones del autor expresadas en este libro, no representan necesariamente los puntos de vista de la editorial.

shantinilaya.life/editorial

El brillo de mi sombra

Daniella Pérez Rojano

Shanti Nilaya
EDITORIAL

*Dedicada especialmente a mis padres
Maya Rojano y Gustavo Pérez,
por darme la inspiración
y por enseñarme el verdadero valor de la vida.
A mi esposo Javier, por su apoyo
y amor incondicional.
A mis niños Javier e Isabella.
A mis hermanos Gustavo, Héctor y Jessica,
por su motivación y cariño.
Gracias a Maribel y Santiago Sevilla,
por su apoyo y por ser pieza importante
de la realización de este proyecto.*

CAPÍTULO 1

El ayer y el presente

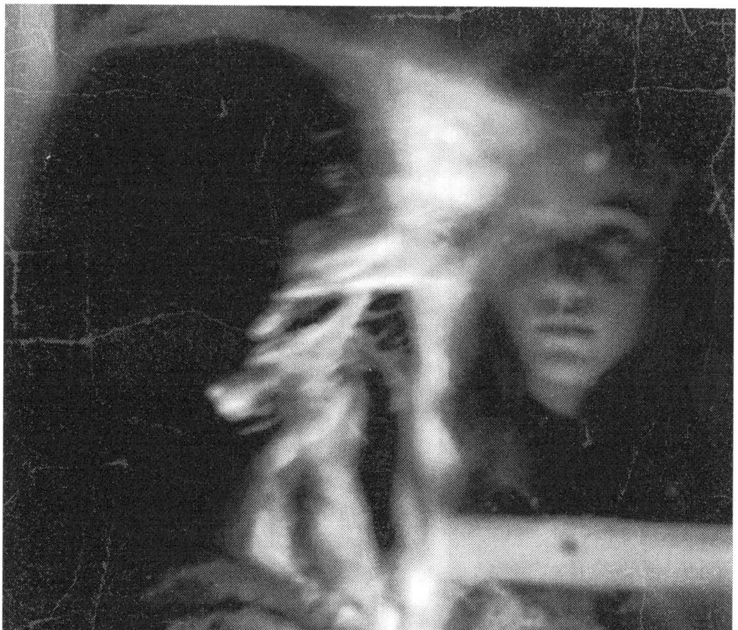

El tiempo transcurría rápidamente en la gran ciudad. Marzo entraba con una intensa ola de calor anunciando la llegada de la primavera. Era 2000, el año pintaba del mismo color que los anteriores y con toda su enormidad, la ciudad era la de siempre.

En punto de las 7 de la noche salí del trabajo. Exhausta, recorrí las calles ya alumbradas. Desde la acera podía ver a la gente impaciente dentro de sus coches; tocaban el claxon sin control, como queriendo pasar unos sobre otros, tratando con ello de aliviar el exasperante estrés de la vida y el tráfico diario.

Como todas, aquella había sido una semana habitual. Nada extraordinario ocurrió: caminar de mi departamento a la oficina y de la oficina, a mi departamento. Una y otra vez, lo mismo. Las calles idénticas, y las personas saliendo apresuradas de sus trabajos, ansiosas por llegar hasta el sitio que las aguardaba.

Mi trabajo se mantenía en orden. Antes de salir esa tarde acabé mis pendientes sin contratiempos. Simplemente con el cansancio del fin de semana, que en ese momento se confundía con el intenso calor del día. Como cada viernes, llegué al pequeño súper. Por fin acababa la semana.

Recordé al instante lo que hacía falta en casa: pan, leche, fruta, jamón, cereal, y destapé una refrescante limonada que bebí de inmediato, aun antes de pagar. Con la inmensa sonrisa que parecía no borrar de su cara, semejante a una fotografía viviente, la cajera de siempre me atendió con su uniforme verde botella, la cola de caballo estirada a la perfección y su amable actitud, que tampoco variaba.

Dos años, viéndola viernes tras viernes con el mismo semblante, los mismos movimientos y gestos. Y mostrando, al terminar la compra, sus enormes dientes amarillentos, en contraste con el delicado tono de voz que emitía un "hasta pronto".

Seguí hasta mi departamento: una vez más conté 190 pasos, al faltar tan sólo tres, el vigilante con el rostro adusto y las gafas azuladas que utilizaba por una alergia al aire contaminado, y que ya formaban parte de sus facciones, comenzó a abrir lentamente la puerta de cristal de la entrada.

Al subir las escaleras escuché el murmullo de los vecinos; el ruido de puertas que abren y cierran; al despeinado perro maltés de la pareja del departamento 11, ladrando como todas las tardes pidiendo calle…

De mi pequeño bolso marrón, saqué las llaves, abrí rápidamente, ansiosa de llegar, por fin, a descansar. Volteé a mi alrededor: todo en calma, como cada tarde, lancé mi bolso, y me desplomé en el sillón de la sala. No era lo mismo la gran ciudad que vivir en provincia, en mi bello Guanajuato, en mi verdadero hogar.

Extrañaba llegar a casa...

Cerré los ojos y llegó a mí el delicioso olor del queso, sentí de pronto la suavidad del puré de papas dentro de mi boca, y pude ver la cesta con pan de nata, inigualable receta de la abuela Carmen, y al lado la fresca jarra de agua de fresa.

Y con una hermosa sonrisa, vislumbré también a mi padre, que tocaba la ventana anunciando su llegada a casa. En mi mente volví a encontrar mi ropa bien ordenada en el pequeño clóset y a jugar con mi hermano riendo sin control; volví a saborear las charlas de sobremesa con mis padres, en fin...

No fue fácil dejar a mi familia ni a la gente con la que conviví durante tantos años. Extrañaba a mis amigos, a mis vecinos, y a algunos compañeros de escuela, especialmente a Sofía y Magdalena, mis mejores amigas de la infancia, con las que me divertí en las fiestas de disfraces, en los partidos de futbol en el parque, en nuestros interminables paseos en bici a la montaña, largas reuniones en casa, acompañadas de sonoras carcajadas.

Añoraba el ambiente provinciano: subir y bajar por las pintorescas calles, los artistas ambulantes que proponían sus obras en cada esquina, el teatro en sábado, la cafetería al final del Callejón del Beso...

Estar lejos de casa, de todo lo que había dejado atrás, me llenaba de una profunda melancolía; pero, a la vez me sentía tranquila. Sí, eso creo: en mi interior había paz.

Entré a mi habitación e intencionalmente me mostré ante el espejo del tocador y me vi. Era ahora una María solitaria, de altura media, con largo cabello lacio y castaño, piel mestiza, ojos negros...

Seguía luciendo bien, quizá, pero no era la niña de antes. Ahora era ya una mujer, con ropa formal y dentadura perfecta. Aquella alegría constante había desaparecido, la mirada iluminada se había esfumado y con ella las ilusiones.

Mi niñez y parte de mi adolescencia no estaban más conmigo; hoy, me percibía diferente: en el espejo veía el reflejo de una mujer.

Pensé: lo que vivo hoy forma parte de uno de tantos sueños en mi vida, trabajar para *Mística*, la revista de moda y arte más importante del país, aquella que en tantas y tantas ocasiones leímos mi madre y yo en la terraza del desayunador. Escribir entonces era un sueño, y hoy estoy aquí, y sin embargo paso a la tarea del reproche.

Debía sentirme satisfecha y agradecida con Dios por este momento, por la serenidad y disciplina con las que convivía día con día. Esa rutina formaba parte hoy de mi existencia, debía valorar esta oportunidad.

No fue fácil llegar aquí sin conocer a nadie, tan sólo con la dirección de mi nuevo departamento y de la empresa donde comenzaría a trabajar. Decisión y sacrificio, todo para estar donde hoy me encuentro.

Dos semanas después de empezar a escribir en la revista conocí a Luis. Coincidimos en el comedor de la empresa. Recuerdo que esa tarde, el amplísimo lugar reventaba de gente. Apenas al fondo se asomaba una mesita desigual al resto, acomodada prácticamente fuera del área de comida. Rápidamente me encaminé hacia ella, y junto a mí un hombre corría en la misma dirección, lo nuestro se convirtió en una carrerilla. Apresuramos el paso y cruzamos miradas retadoras; llegamos al mismo tiempo, y sorprendidos por nuestra actitud egoísta, soltamos una sonora carcajada mientras nos presentábamos. Esa tarde entablamos una corta pero agradable conversación, enfocada, como es de suponer, en el trabajo.

Semanas después conocí a Renata Torres, prima hermana de Luis, una chica simpática y espabilada.

Al principio los veía poco, el trabajo me absorbía más de lo que yo jamás hubiera imaginado, y mi ánimo no ayudaba. Con el tiempo comenzamos a vernos con más frecuencia, comíamos juntos alguno que otro fin de semana.

Ellos eran mi única compañía, y su amistad se volvió un refugio en mi rutina. Y, sin embargo, seguía con la sensación de que algo faltaba.

Dos años atrás, el destino había dado un violento giro a mi vida. Llegué a la capital con un único propósito: trabajar en la revista.

Sería suficiente; pensé que cada artículo bastaría para llenar las largas horas de soledad, esta soledad que desde hacía un tiempo se había convertido en mi única compañía. Aunque me mantenía ocupada no lograba entusiasmarme. Yo, María Valencia, me sentía envuelta en una absoluta monotonía: como si mi día fuese escrito y vuelto a leer una y otra vez.

Mi rutina diaria era la de siempre: despertar a las 7:30 de la mañana, tomar un rápido baño, vestirme con un traje de pantalón y saco de color serio, y sentarme en el frío comedor frente a un plato de avena caliente con un poco de leche descremada, y para rematar, una taza de café amargo…

Poco antes de las 8:30, tomar mi portafolio gris Oxford, salir del edificio; caminar cinco cuadras hasta las oficinas; trabajar durante toda la mañana y, alrededor de las 2:00, salir a comer; volver a mi oficina y continuar mis pendientes de siempre… Y así tarde tras tarde hasta que el reloj volvía a marcar las 6:00.

Mi estancia era así, tranquila, disciplinada, concentrada en una sola tarea: mi trabajo.

Me preguntaba una y otra vez qué pasaba con mi vida, con las sorpresas, con mi existencia… En ese momento recordé la magia de la que el abuelo Miguel me habló tantas veces. ¿Dónde estaba? ¿A dónde quedó? ¿Por qué se fue?

CAPÍTULO 2

La magia del abuelo

Miguel, mi abuelo paterno, había sido un hombre maravilloso y, además, muy querido en Guanajuato. Tenía un rancho lechero llamado *Las Alas*, muy cerca de la ciudad. Amaba a sus vacas tanto, que cada una tenía su nombre. Recuerdo a Tita y a la rebelde Maki, dos hermanas con pequeñas manchas rojas, que las hacían diferentes del resto.

Como acto caritativo, el abuelo distribuía leche a las casas-hogar de distintos municipios del estado: San Miguel de Allende, Pénjamo, Yuriria…

Cuando lo acompañaba, me asomaba por la ventanilla de su vieja camioneta, y el aire del camino traía hasta mí un ligero olor a cebada fresca, que se acentuaba al pasar por los diferentes campos.

La casa-hogar Colorina, en Yuriria, tenía una desbordante enredadera de buganvilia rosada, y al lado, una pequeña puerta de madera rojiza sujetada por un mecate grueso y roído. El sitio lo custodiaba un flaco perro guardián, echado siempre en la acera, que al vernos llegar corría emocionado hasta nosotros saltando sin control, como queriendo arrebatarnos la leche.

Sonia, la encargada del lugar, era una mujer con largas trenzas, piel morena y un gigantesco lunar en la barbilla.

Nos abría el portón y enseguida nos llevaba hacia la mesa del enorme comedor, donde nos ofrecía un suculento desayuno: tamales de mole negro con frijoles, y un calientito ponche de frutas, cuyo olor me recordaba al perfume de la abuela Carmen. En cada sorbo imaginaba su cálido abrazo, y al parecer al abuelo le ocurría lo mismo, pues el brillo dc sus ojos lo delataba.

Después del desayuno, mi abuelo y yo jugábamos lotería con los niños. Llamaba especialmente mi atención Juanita, menudita muy blanca y con pequitas amarillas. Me abrazaba cariñosa y jugando con mi pelo, me decía:

—¿Te quedas a dormir?

La visita se repetía hacia los últimos días de cada mes, en medio de lo que el abuelo llamaba "el recorrido feliz de repartición".

¡Y vaya que era feliz! En realidad, pocas veces lo abandonó su alegría, además de que sabía enfrentar cualquier dificultad, siempre con su mejor cara.

Nunca lo oí alzar la voz, ni siquiera fruncir el ceño. Todo era placer estando a su lado: caminar por la calle tomada de su mano y escuchar el saludo de la gente, desde el mendigo hasta el gobernador, y él a todos respondía regalándoles su mejor sonrisa.

Una tarde de primavera caminábamos por la calle soleada y nos detuvimos en la Nevería Guanajuatense a disfrutar un delicioso helado de chocolate. Nos sentamos en una banca en la Plaza de la Paz, y mientras el chocolate se derretía en mi boca, observamos las antiguas construcciones que palidecían ante la imponente casa del Conde de Rul.

Una y otra vez, el abuelo me contaba la historia.

El Conde de Rul había sido su antepasado, o por lo menos eso decía él, mientras señalaba orgulloso el frontón que dejaba ver esculpido el escudo de la familia Rul, que, insistía el abuelo, tenía algún parentesco con la nuestra.

Antonio Obregón Alcocer pasó a la historia como el Conde de Rul, título otorgado por la Corona española, aun cuando el noble había nacido ya en el viejo reino de Nueva España. El nombramiento se debió a la gran fortuna que logró acumular con sus minas, entre ellas, la más importante de todas situada en el pueblo de La Valenciana, de donde adoptó su nombre.

En La Valenciana se encontró la veta madre, la más grande de todo el territorio; su explotación fue de tal magnitud que un buen porcentaje del oro y la plata que circulaban en el mundo procedían de ella. Me encantaba escuchar esa historia, imaginaba la gran veta de oro brillando y a los mineros peleándose por sacarla de las profundidades de la mina.

Continuamente mi imaginación volaba con la leyenda: si yo hubiera estado ahí, seguramente habría tallado un pedazo, y con él hubiera tejido dos espléndidos collares, uno para mamá y otra para la abuela Carmen.

Él decía que nuestros antepasados habían llegado a Nueva España a principios de 1700 directamente de Valencia; de ahí el nombre del pueblo, y también nuestro apellido: Valencia.

Nunca supe si sus historias eran reales. Sin embargo, admiraba su sabiduría, y creía en él ciegamente.

El abuelo saboreaba su helado y yo no podía dejar de verlo, cuando de pronto percibí una lágrima que rodó lentamente hasta su boca, y junto con un suspiro tragó, enseguida volteó hacia mí y sonrió.

Me costaba trabajo entender que llorara y riera a la vez. A mis 11 años, yo lloraba por enojo o tristeza; y reía cuando estaba feliz.

Al ver mi cara de desconcierto, me tomó la mano suavemente, y con los ojos cristalinos, comentó:

—María, soy un viejo que vive y goza cada instante como si fuera el último de mi vida. He sido libre como las aves que vuelan. El rancho ha sido un regalo de Dios. He disfrutado de su tierra, de sus árboles y de su aire; pero no todo ha sido perfecto, cometí errores, de los cuales aprendí. Y seguiré aprendiendo de todo y de todas las personas que me rodean. Hoy soy mejor hombre, padre y abuelo.

Vio mi cara de asombro, pues no entendía bien lo que me quería decir y continúo:

—¿Te acuerdas de que un día en la casa de la abuela Carmen, sin que nadie te viera, tomaste el banquito de madera, te subiste y quisiste mover la cazuela que estaba sobre la estufa y te quemaste los bracitos? Lloraste horas enteras. Aquel día aprendiste que no debías acercarte a las cosas calientes.

"He contemplado y admirado lo más sencillo de la vida, aquello que nos regala Dios; como el baño de sol cada mañana, las montañas de distintos colores en la lejanía, los árboles moviéndose al ritmo del viento, el cielo cubierto de estrellas, las olas del mar, tranquilas y en tempestad, las familias de animales... y correr en el campo junto a mis nietos, volando un grande y colorido papalote.

"He formado a la familia más maravillosa que jamás imaginé. Soy un viejo feliz y satisfecho. ¿Sabes, María?, aunque tengo el pelo blanco y arrugas en la cara, mi corazón es joven como el tuyo, y me siento feliz de estar contigo en este maravilloso lugar impregnado de historia. Puedo hoy reír y llorar a la vez; y eso, María, eso se llama magia...".

Me acerqué a él cariñosamente y le di un gran beso.

Guardé aquellas palabras para siempre. Comprendí entonces el inmenso amor que mi abuela sintió por él todos los años que pasaron juntos. Comprendí también por qué él era tan querido en Guanajuato: era un ser único; tal vez no el mejor, como él mismo había dicho, pero con un alma capaz de trasmitir una enorme paz y confianza.

Entendí la magia a la que se refería al reír y llorar a la vez. Era un momento único, que yo sólo lo apreciaría muchos años después, hasta que logré entender la vida tal como la entendió él.

Desperté de estos recuerdos, y enseguida volví al presente.

Hoy tenía un trabajo magnífico, pero mi relación con la vida y con mi familia estaban fracturadas, y faltaba mucho para llegar a ese momento tan especial que aquella ocasión sintió mi abuelo en la banca de la plaza.

Hacía mucho tiempo que yo no reía; pero tampoco lloraba. Quizá me había quedado sin lágrimas cuando tiempo atrás derramé tantas. Mucho menos me permitía experimentar la magia que supone hacer las dos cosas, como reír y llorar a la vez. El trabajo me mantenía ocupada, agotada física e intelectualmente, y sin embargo día a día vivía sin rozar siquiera las fibras de mis emociones.

Frecuentemente reconocían mi labor en la empresa; mi trabajo era bueno, pero con el tiempo, incluso el elogio dejó de resultarme placentero. En la revista llevaba una relación cordial y respetuosa con mis compañeros, pero no pasaba de ahí.

Era viernes, y después de la rutina estaba ya en mi departamento. En calma, como siempre, prendí el televisor para ver y escuchar los acontecimientos del mundo. Sintonicé el noticiario de las 8 de la noche, para después recostarme en la cama.

Historias reales, asaltos, niños perdidos, aumento de empleos, drogas en las escuelas, alza en la Bolsa, pleitos entre políticos, enriquecimientos ilícitos, bodas entre artistas, criticas de películas... Esto pasaba todo el tiempo. Hechos alarmantes sin soluciones inmediatas, todo lo que cabía en un mundo imperfecto.

Pero también se mostraba el otro lado la noticia, el lado amable, que lograba causarme gusto y alegría, aunque fuera sólo momentáneamente: el nacimiento de un animalito de una especie en peligro de extinción, las parodias a políticos y artistas, las exhibiciones de arte y cine, los actores mexicanos que triunfan en el mundo, o quizá los matrimonios exitosos; esto me mantenía con una sonrisa que desaparecía en cuanto apagaba el televisor.

Era triste, las imágenes me provocaban emociones, pero alejadas de mi propia vida, rozaban la alegría y el dolor, pero no lograba sentir ni lo uno ni lo otro. Tampoco eran mis triunfos, o mis fracasos, sino lo que veía en la televisión. Permanecía protegida por el cristal de la pantalla, tal como mi pasado: escondido en el baúl de mi mente.

CAPÍTULO 3

Nostalgia y dolor

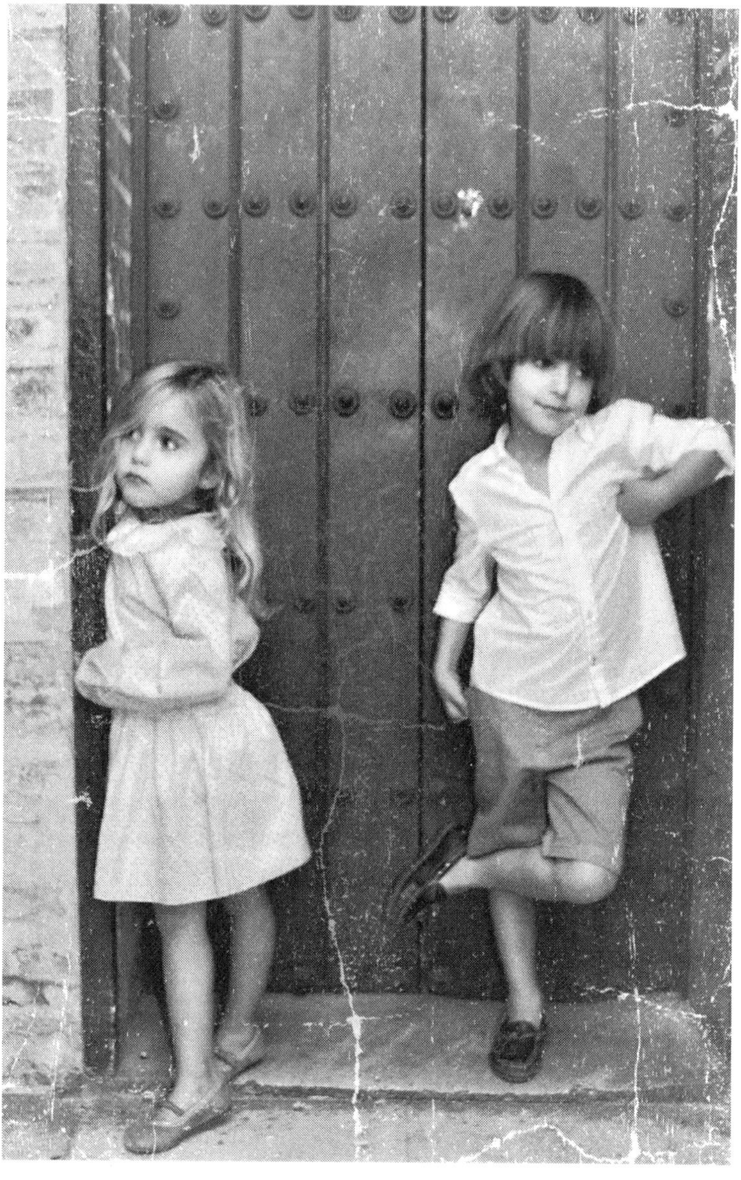

Con nostalgia, comencé a recordar a mi madre y su mirada dulce, horneando el delicioso flan de cajeta con almendras.

Un cumpleaños más para mi hermano y el postre de siempre que, juntos al costado de la barra, seguíamos paso a paso mientras ella iba preparando la receta, ansiosos de tenerlo ya en la mesa.

Mamá mezclaba cada ingrediente, y sonreía al tiempo que nos deleitaba con sus mágicas historias de cuando era niña:

—Una tarde, sin que la abuela se diera cuenta, vacié el salero completo sobre la masa del exquisito postre de la cena de gala que iba a haber en casa. Llegada la hora, el señor ministro, invitado de honor, fue el primero en recibir su porción, y como dictan las normas de las buenas costumbres, esperó a que se sirviera al resto de los comensales. Enseguida la abuela, con la propiedad que la caracterizaba, lo invitó a ser el primero en probar su especialidad.

"Pomposamente, el ministro tomó el tenedor al tiempo que exclamaba que era para él un honor tal deferencia. En cuanto el bocado rozó su paladar, un rojo purpúreo invadió su rostro, y con una tos de ahogo, escupió el pastel, y a su vez, en aquel pedazo de masa salada, salió volando su asquerosa dentadura con cubierta de oro, y un ruidoso golpe sobre el plato de porcelana".

"Se hizo el silencio, y unos a otros se miraban azorados".

"No logré contenerme, mi carcajada hizo eco tras la pequeña puerta de servicio que dejaba ver aquella maravillosa escena".

En la comida, después de la sopa de fideos y del pastel de carne con zanahoria, llegó a la mesa el esperado flan. Ignacio celebraba su cumpleaños cantando *Las mañanitas* frente a un flan de cajeta y no un pastelillo de chocolate esponjoso o de fresas. ¿Por qué?

Era simple: el flan era su postre favorito y el pastel había dejado de gustarle desde que en su cumpleaños número seis, al gritar la recurrente "mor-di-da", de pronto sintió varias manos en la cabeza que lo sumergían en una montaña de betún. Le faltó el aire, como pudo se levantó y molesto, bruscamente intentó quitarse el pastel de la cara. Al día siguiente, su ojo izquierdo amaneció severamente infectado. Desde entonces, el flan era mejor opción, si fuese sumergido otra vez, el flan lo rebotaría: y así saltó de la tradición ancestral del típico pastel de cumpleaños al tambaleante flan de cajeta.

Pero aquel era más que un simple postre: era un día entero de divertida espera, para más tarde verlo sobre la mesa. Papá decía que la vida era el mejor regalo que podíamos tener. Cada cumpleaños implicaba un año más que agradecer a Dios. "Un año más de existencia, de gozo y libertad", era su frase favorita, y la susurraba en nuestro oído al momento de estrecharnos cariñosamente entre sus brazos.

Alberto, mi padre, amaba la naturaleza y durante las vacaciones, y algunos fines de semana íbamos con él al campo, o a la montaña a escalar.

Eran fantásticas las excursiones en su compañía, disfrutábamos el camino lleno de enramadas, piedras rojizas y chapulines saltando sobre nosotros. Papá era muy hábil, subía con facilidad todo tipo de terreno.

El cerro del Cubilete era donde siempre queríamos ir. Mi papá nos complacía y subimos a él en repetidas ocasiones. Yo era muy lenta y tropezaba frecuentemente con piedras y arbustos pequeños, mi pelo se llenaba de carrizos lo que me provocaba mucha comezón, y tenía que detenerme continuamente a descansar, por lo cual Ignacio muy irritado gritaba:

—Apúrale.

Papá en cambio nunca se desesperó, me miraba, y con su enorme sonrisa decía desde lo alto:

—¡Qué bien lo haces hija, no pude encontrar mejor acompañante para esta aventura!

Sus palabras era un aliciente importante para mí. Al llegar a la cima, sentía el aire fresco mi cara, y desde lo alto observaba el espléndido paisaje. Inigualable sensación.

¡Y cómo olvidar los viajes de verano!: la noche anterior, dormir antes de las 8:00 y soñar con la esperada madrugada, para por fin comenzar el maravilloso recorrido. Viajar durante horas en el Datsun verde, contemplando campos y pueblitos, con la ilusión de poder ver desde el coche el imponente azul del mar y sentir la brisa caliente en el cuerpo. Un sentimiento de plenitud total... ante el cual, sólo podía decir:

—¡Gracias, papá!

Nuestros padres siempre mostraron un gran respeto y amor por la vida, y eso mismo aprendí entonces, en aquellos años cuando todo era bello y perfecto, tanto, que supuse que mi vida sería así hasta el último de mis días.

Con el tiempo llegaron los momentos difíciles. Casi todos ellos pisando mi adolescencia.

Mi hermano Ignacio acababa de cumplir 13 años cuando ocurrió el terrible accidente. El sol comenzaba a esconderse y los pajarillos a refugiarse en los árboles; papá ya había llegado del trabajo y mamá nos esperaba para comenzar a preparar chocolate caliente para la cena.

Mi hermano iba en bicicleta, y yo detrás de él en mis patines de agujetas color violeta, regalo del abuelo Miguel.

Mamá nos había mandado a la tienda por leche y pan dulce. Ignacio había tomado de su alcancía unos cuantos pesos sin que nadie se diera cuenta, para comprar unos tubitos de caramelo macizo de cereza. Mamá no nos dejaba comer dulces por la noche, y mucho menos antes de la cena.

Ignacio me llevaba ventaja: pedaleaba con increíble velocidad. Recuerdo haber gritado:

—¡Espera!

Estaba anocheciendo, temía quedarme atrás; para ser sincera, patinar no era mi fuerte, me cansaba muy rápido y tenía que detenerme constantemente.

De pronto, escuche cómo las monedas caían una detrás de otra sobre la calle ya para entonces oscura. Ignacio frenó en seco, y se inclinó a recogerlas; y en ese maldito instante, como de la nada, apareció un enorme camión que lo arrastró hasta el filo de la banqueta.

Mi cuerpo se paralizó, los labios me temblaban y comencé a gritar desesperada:

—Ignacio, Ignacio, ¿estás bien?

Me acerqué un poco más y me conmocionó ver su cuerpo ensangrentado sobre el pavimento.

Estaba paralizada, y sin saber qué hacer, cuando de pronto sentí una mano sobre el hombro, y una voz incomprensible hablaba y hablaba transformándose en eco, y yo, incapaz de entender. Segundos después descifré sus palabras:

—¿Qué les pasó?

Volteé aterrada sin poder responder. Era un hombre maduro, de unos 50 años, con escasas canas y figura esbelta. Entonces comencé a llorar; no podía hablar. El hombre me preguntó:

—¿Dónde vives? ¿Dónde están tus papás?

Patiné como nunca, y finalmente llegué a avisarles.

Papá corrió hasta el accidente; mamá tardó en asimilar lo ocurrido.

Cuando llegamos a la esquina, la ambulancia, ya con mi hermano adentro, se dirigía al hospital.

El doctor nos reunió en la sala de espera, y con voz baja y en términos médicos describió la situación de Ignacio, resumida en peligro de muerte.

Con este recuerdo, aún vivo una y otra vez el inmenso vacío que sentí en el estómago al verlo inmóvil sobre la cama, con la cara deforme por las heridas, los ojos entreabiertos y la respiración muy débil, a punto de extinguirse.

Por fortuna salió del accidente con vida, pero con una parálisis casi total. El término adecuado, según el médico, era *parapléjico*, con lo cual, lo único que podía mover era la cabeza y el brazo derecho, y eso con cierta dificultad; el camión que cual fantasma nos sorprendió, condenó a Ignacio a pasar el resto de su vida en una silla de ruedas. Su cuerpo no volvería a obedecer a su cerebro. Jamás: ese había sido el cruel dictamen.

Lo que siguió al hospital fue aún más difícil. Mi hermano maldecía la vida; constantemente entraba en depresión.

Y con él, toda la familia. En aquel entonces no sabíamos de qué manera ayudarlo, todo parecía tan complicado...

El abuelo fue su apoyo más grande, el único capaz de mostrarle su cariño con la paciencia que requería, aun en sus momentos más difíciles.

Dentro de su desesperación, muchas madrugadas gritaba alocado:

—¡Me tienen lástima! ¿Por qué a mí?, maldito camión. ¡Dios no existe!

A partir de entonces, se volvió agresivo y rencoroso.

Con esta situación tuvimos que aprender a vivir durante varios años; y aunque todo fue muy difícil, hubo momentos aún más complicados que otros. El accidente de Ignacio afectó nuestra relación familiar, nuestro entorno social y laboral. Entre otras cosas, provocó un gran distanciamiento entre mis padres, muchos conflictos a la hora de tomar decisiones y constantes desacuerdos que hicieron de aquel que alguna vez fue un hogar feliz, un terreno inhabitable: mi madre sobreprotegiendo a Ignacio y mi padre siendo fuerte con él, tratando de prepararlo para que enfrentara su nueva vida.

Papá pasaba el menor tiempo posible en casa; y la familia, día con día, parecía desintegrarse. Qué soledad vivía. Me volví invisible, cerré mi mente, mis preguntas se esfumaron y el deseo de ser protegida se hacía cada vez más presente; debía ser fuerte, sin embargo, por dentro estaba destrozada.

Un año después llegó de forma inesperada la muerte del abuelo, el pilar y la alegría de la familia. Fue otro golpe duro para todos.

Una tarde, después de la escuela, fui a comer a su casa. La abuela me recibió cariñosa, y como siempre, nos sentamos en la sala a esperar a que él llegara. Desde la ventana lo vimos estacionando su vieja camioneta, y a través del parabrisas nos miró sonriendo. Al bajar, repentinamente llevó las manos hacia su pecho, y en un quejido silencioso, lentamente se desvaneció en la ardiente banqueta: un infarto al corazón lo llevó a la muerte en un instante; y yo, una vez más era testigo de una desgracia.

Mi abuela había perdido al amor de su vida, y mi hermano a su mejor amigo y más grande consuelo. Fue un ejemplar padre y abuelo, insustituible en nuestras vidas.

Meses atrás había tenido algunos problemas en el rancho: Pedro Juárez, su socio y accionista minoritario durante más de 20 años lo había estafado: vendió ganado sin su consentimiento, y después de ello desapareció del país con las ganancias a cuestas.

Al abuelo lo invadió la tristeza, y junto con su corazón se le marchitó el alma. Y sin embargo no se doblegó; buscó a Pedro hasta que lo encontró, y lo enfrentó reclamándole su falta de lealtad... y el dinero.

El hombre argumentó con cinismo que todo lo que se había llevado le correspondía, por su esfuerzo, por el tiempo y por la vida que había dedicado al lugar.

En un principio el abuelo trató de arreglar las cosas en buenos términos, pero fue imposible, y entonces acudió a las autoridades. Tras un largo proceso de demandas logró recuperar una parte importante de su dinero, pero a cambio de su salud, ya que a partir de entonces perdió el tono rosado de las mejillas, y el menoscabo en su peso fue notable.

Y aun cuando su físico jamás volvió a ser el mismo, su voz y su actitud siguieron siendo de acero.

Unos meses antes de su partida, vendió su adorado rancho para dejar a la abuela protegida. Quizá presentía que la muerte lo rondaba.

Para mí, la vida ya no volvió a ser la más la misma, estaba asustada, por momentos me asfixiaba, necesitaba salir corriendo, con el deseo de encontrar un espacio de tranquilidad.

Mis calificaciones bajaron de manera preocupante, y trataba de pasar la mayor parte del tiempo fuera de casa. Busqué refugio en Nicolás, mi novio de entonces: un chico excepcional que me llenó de paz y cariño en esos momentos de infinito vacío.

Como dije antes, la atención de mis padres era toda para mi hermano, y eso era algo que no podía reprocharles. Sabía que él los necesitaba más que yo.

Muchas tardes tomaba de la mano a Nicolás y con un abrazo le decía:

—No sé qué sería de mí sin ti, sin tu apoyo y sin tu compañía, que me han ayudado a aceptar y a aprender a vivir con el accidente de Ignacio y con la ausencia del abuelo.

Entre otras cosas, Nicolás iba todas las mañanas por Ignacio y por mí, para llevarnos a la escuela; se desvivía en atenciones, e Ignacio lo quería como a un hermano. Desde que vivía el abuelo, la relación con él y con la abuela también fue cercana. Nicolás actuaba con ellos como un nieto más.

A mí me habló siempre de lo importante que era el cariño de los abuelos, un amor diferente al de los padres, tal vez igual de fuerte, y muy entrañable.

Nicolás era un ser maravilloso; lo sentía cercano, y tan familiar que su presencia lograba llenar mi corazón de paz.

CAPÍTULO 4

Nicolás

Nicolás había sido mi compañero en la escuela desde el primer año de primaria. Ambos íbamos al Colegio Cortázar en Guanajuato. En cuanto lo vi por primera vez me cautivó: era alegre y carismático, de rostro delgado y apiñonado, pelo ondulado y rubio, ojos color tabaco y una boca que pintaba la sonrisa más bella que jamás había visto. También era deportista, creativo y muy querido por los maestros. Siempre fue el mejor del equipo de atletismo. Acudía con frecuencia a competencias importantes, en el país y en el extranjero. En un par de ocasiones lo vi competir dentro del colegio. Mi terrible timidez me hacia escudarme entre lo más alto de las gradas, pegada a un lado del frondoso árbol que alcanzaba a difuminar parte de mi silueta, y desde ahí observaba segura la competencia.

Cada vez que me encontraba con su mirada, en mis labios se dibujaba la sonrisa más pura y sincera de mi existencia, enseguida me convertía en un espíritu flotante envuelto entre nubes blancas y espumosas; sí, en medio de esas nubes fantasiosas que parecen de algodón y que sólo aparecen en los cuentos.

Nicolás era excepcional, y yo sabía que muchas de mis compañeras pensaban lo mismo que yo.

Fueron varios años de estar en diferentes salones, hasta que finalmente cursamos sexto juntos, y por primera vez platicamos. Después me invitó a su casa. Recuerdo esa mágica tarde, sentados a la mesa de su estudio, rodeados de enormes estantes repletos de libros y en el ambiente un delicioso aroma a galletas de nuez recién horneadas, que se encontraban sobre una fina mesita esquinada.

Y así comenzamos a leer en voz alta, en grupo, porque aquella tarde se encontraba ahí la mitad del salón. Hacíamos un trabajo sobre las hazañas de la Revolución en México, el primero que hacíamos él y yo en equipo.

Ese año fue para mí uno de los mejores en el colegio, no sólo porque tuve como vecino de pupitre a Nicolás, sino también porque por primera vez mi hermano y yo pudimos coincidir en el taller de arte.

Ignacio y yo hicimos juntos nuestra primera escultura de barro. Él insistía en modelar el cerro del Cubilete, mientras yo pedía copiar la heráldica de la casa Rul para regalársela al abuelo.

Y el resultado final fue una magnífica escultura de la montaña del Cubilete y la cima anclado el escudo; escultura que aún hoy viste el enorme escritorio que perteneció al abuelo.

Desde que era pequeña, mamá decía que al cumplir los 12 dejaría de ser niña para convertirme en mujercita, que mi físico tendría cambios inesperados y según ella, todos maravillosos: mi rostro tendría otra textura, mi cuerpo tomaría forma y volumen, mi pelo se liberaría de ataduras y mi mente entraría en enormes contradicciones. A esto último no le veía nada de maravilloso. Siempre imaginé ese cambio de forma muy drástica, y creí que sería "pum", de repente, como por arte de magia.

Pero no fue así, llegaron los 12, y yo me seguía sintiendo exactamente igual, mi cuerpo era el de siempre, mis pensamientos e ideas eran las mismas. Sin embargo, al volver al colegio, después de unas largas vacaciones de verano observé detenidamente a algunas de mis compañeras, en especial a Roberta, la más alta del salón y sí noté en ella mucho de lo que mamá dijo. Pero en mí, ese verano no llegó.

———*———

La sorpresa no fue la ausencia del cambio, sino que Nicolás no apareciera en la escuela ese nuevo año. Días después corrió el rumor de que se había ido a estudiar inglés a Pensilvania, en Estados Unidos y que no volvería hasta el ciclo siguiente.

Aquel fue el año más largo de mi vida. El tiempo transcurrió con mucha lentitud. Finalmente, Nicolás volvió, pero ya no a mi salón ni a mi mismo grado. Ingresó a primero de secundaria, el año que no cursó en el colegio por estar fuera.

Pero eso no importaba. Mis sentimientos eran los mismos, y yo esperaba con ansias su regreso y aunque entonces lo veía poco, mi respiración aumentaba rápidamente cada vez que me topaba con él en los pasillos.

Fue hasta tercero de secundaria, cuando por primera vez se acercó a mí, con otras intenciones. Al salir de Álgebra, mi última clase, quedó de pie frente a mí, mi cuerpo se estremecía de emoción, y me dejó muda. Sólo él habló.

Ese día, que había esperado durante años, por fin había llegado. No podía creerlo. La cita esperada: un helado.

Fui hasta el teléfono que se encontraba fuera del colegio, y llamé a mamá. Con voz entrecortada le dije que llegaría más tarde a casa; le inventé que tenía que quedarme a hacer un trabajo para la clase de Geografía, y sí, aquel fue el mejor trabajo de Geografía de mi vida.

Esa magnífica tarde, Nicolás y yo caminamos dos cuadras hasta la heladería; el lugar desprendía un olor delicioso entre cajeta y galleta. Nos sentamos en una mesita redonda de madera color azul cielo que se encontraba arrinconada hasta el fondo del local, y ahí comencé a hablarle de mi familia, del gran cariño que tenía por mi abuelo, de Chato, mi perro y de nuestros compañeros de clase. Charlamos como amigos de toda la vida, fluidamente hasta el atardecer.

De repente me di cuenta de que ya estaba anocheciendo, y como resorte me levanté de la silla casi tirándola, y grité:

—Me tengo que ir, mamá me matará.

Nicolás rápidamente tomó mi mochila, me jaló del brazo y corrimos los dos hasta la puerta de mi casa, que afortunadamente estaba a pocas cuadras.

Tomé las llaves, abrí, y para mi fortuna mi mamá estaba ocupada haciendo la cena. Todavía nerviosos, nos despedimos y él acercó sus labios lentamente para darme un fascinante beso en la mejilla.

Las piernas me temblaban, el habla se me fue una vez más, y así, en silencio, lo seguí con la mirada hasta perderlo en la lejanía al final de la calle. ¡Qué día!, pensé. Estaba feliz, tanto que me fue muy difícil conciliar el sueño.

No podía dejar de pensar en él. Mi cuerpo seguía estremecido de emoción, cada vez que volvía a imaginar sus ojos mirándome, su sonrisa perfecta y el movimiento de su boca al hablar.

Al día siguiente en la escuela, animada, me detuve frente a la puerta principal a esperar a que llegara. Quería que al entrar todos me vieran con él. Pasaron sólo cinco minutos, y lo vi bajar apresurado de su coche negro y despedir a su chofer.

Nicolás cargaba un morral azul marino con dibujos de delfines grises, y en la mano izquierda llevaba una bolsa de plástico transparente con un par de tenis blancos. Traía puesta una camisa roja desfajada bajo un suéter de lana blanco y su pelo ondulado volaba al roce del aire.

Qué frustración fue verlo pasar justo a mi lado, sin siquiera voltear a verme ni dirigirme palabra, tan sólo dejando a su paso una estela de loción olor lima-limón, aroma que lo distinguía desde años atrás.

En ese instante mi corazón se encogió invadido de tristeza, llegué a pensar que él también había estado contento como yo la tarde anterior, pero quizá no había sido así.

Esa mañana en el recreo, a lo lejos alcancé a ver cómo se divertía jugando futbol con sus amigos y al llegar la hora de la salida, lo único que escuché fue un frío:

—Adiós, María.

En ese momento todas mis ilusiones construidas durante años, así, de un plomazo, se derrumbaron.

Después de unos días me enteré de que Nicolás salía con Laura Jiménez, una niña hermosa de cabello rojo con ojos redondos color miel, que iba en su salón y practicaba atletismo con él.

Tras ese desconcertante momento no volvió a hablarme en todo el año escolar. Sería el último que estaríamos juntos, yo estaba ya en tercero de secundaria y para la prepa me iría a otra escuela.

Intenté sacarlo de mi mente, aunque seguía recordándolo con mucha nostalgia. Y sólo fue varios años después cuando, para mi sorpresa, me reencontré con él en la fiesta de cumpleaños de mi amiga Sofía.

Estaba más guapo y simpático que nunca, y también mucho más alto y varonil. Mantenía aún el pelo largo y la sonrisa encantadora; en el ambiente de aquel lugar impregnó su inolvidable aroma lima-limón.

Yo estaba realmente emocionada, un montón de mariposas me revoloteaban en el estómago, las piernas me temblaban y el corazón me latía con más fuerza que nunca.

Durante la fiesta, Nicolás mostró una parte de él que no conocía. Sacó de un enorme estuche una guitarra; en un instante sus perfectas manos se confundieron con las cuerdas del instrumento, y enseguida soltó una maravillosa voz que también desconocía. Nunca imaginé lo bien que cantaba.

Al ritmo de la música eché a volar mis pensamientos, y con ellos llegaron mis recuerdos más entrañables de aquellos años la primaria. Pero al mismo tiempo me aterré de pensar que no me reconociera, mi físico era otro: habían pasado un par de años desde la última vez que nos vimos.

Para mi sorpresa, en el momento que terminó una canción que según nos dijo él mismo había escrito, bajó la guitarra mientras sus ojos se perdían entre los invitados: buscaba a alguien. Sí, me buscaba a mí.

Al hallarme sonrió satisfecho. Una vez más su mirada me cautivó y entonces gritó mi nombre:

—¡María!

De nuevo pude percibir de cerca el lima-limón y ahí estábamos, sentados frente a frente repasando nuestros años de primaria, a nuestros compañeros y la tarde del helado en aquella mesita redonda color azul cielo. Nicolás recordaba exactamente dónde vivía.

Al llegar a mi casa esa madrugada, el sueño no se asomó. Mi mente volaba sin parar, haciendo el recuento una y otra vez. Sin duda aquella fue una de las noches más increíbles de mi vida.

El día siguiente era sábado, el cielo abierto y azul intenso estaba iluminado por el sol que brillaba más que nunca. Salí de mi cuarto y caminé por el pasillo, y al llegar al final, junto al mueble verde de la sala, me invadió la emoción al ver un inmenso arreglo de rosas rojas, bellísimas, con una tarjeta que decía: "Estas flores son para una mujer muy especial. Por el placer de haber vuelto a encontrarte... Nicolás".

El sueño que siempre creí inalcanzable me sentía radiante.

Por la tarde apareció en mi casa, y en la banca de madera amarilla deslavada del jardín me tomó la mano tiernamente, me miró a los ojos y dijo:

—Quiero estar contigo siempre.

Nos abrazamos compartiendo el mismo sentimiento. En ese momento me convencí de que un gran amor sería para toda la vida.

Tiempo después y tras cuatro años de noviazgo, el que creí el amor de mi vida, el regalo más preciado que la vida me había obsequiado, me abandonó.

Una tarde lluviosa de lunes, tras un fin de semana maravilloso en casa de la abuela Carmen, de haber reído a carcajadas jugando como niños y convivido como nunca, al despedirse en la puerta, Nicolás me tocó la cara temblando. Y ahí mismo, con el semblante apagado, la mirada perdida entre la lluvia, el viento que corría y con su maldito valor, simplemente dijo que se iba para siempre porque no quería hacerme más daño. En medio de un silencio sepulcral, así, sin más, se marchó.

No podía creerlo: el ensueño se transformó en la peor de mis pesadillas, me hundí en un inmenso abismo que carcomía mis fuerzas y oprimía mi fe.

Pensé en correr y alcanzarlo, en implorarle que no se fuera, pero no tuve fuerza, ni valor. Partió sin más explicación que sus escasas palabras, y en ese momento pensé que tal vez jamás volvería a saber de él.

Sentí un dolor tan profundo que me hundió en una larga depresión. No lo esperaba, y aún hoy que han pasado tantos años me sigo preguntando por qué se fue.

Cuando Nicolás se fue, yo estaba ya en la universidad estudiando Periodismo. Me refugié en los libros para salir adelante.

Tiempos difíciles sin duda, que se sucedían uno tras otro. Todo se tornaba gris, y muchas veces me pregunté si mi dolor terminaría algún día.

La palabra quizá era *huir*, huir del pasado y del presente, de mis emociones y sentimientos, de mis dolores y sinsabores, y quizá eso fue lo que hice después.

Una oportuna llamada llegó, justo cuando estaba por terminar la universidad. Los mejores alumnos eran recomendados para emplearse en empresas importantes del país. Y a mí me mandó llamar Alejandra Margo, la asesora de mi carrera, para anunciarme que había sido elegida para trabajar en una prestigiada compañía. Para mi gran sorpresa se trataba de la revista *Mística*, que me ofrecía hacer lo que yo siempre había soñado.

Me sentía tan afortunada de que me hubieran elegido, y hasta la fecha aún no sé por qué lo hicieron, aunque era disciplinada y buena estudiante, en la universidad había alumnos más sobresalientes que yo.

Después de recibir la inesperada invitación, salí a celebrarlo con Eugenia y Nora, mis dos mejores amigas.

El bar Las Cazuelas estaba a reventar, era fin de semana y la ciudad vivía el turismo en todo su esplendor. Algo bueno estaba llegando a mi vida. Nos sentamos en una periquera que daba al transitado andador, pedimos algo para picar: camembert y gruyer, salami, jamón serrano, con pan de centeno y cebolla, una botella de tinto español y brindamos por el acontecimiento.

Pasábamos un buen rato, riendo sin parar, sin importar el paso de las horas, cuando de pronto sentí un escalofrío que recorrió mi cuerpo, una energía muy especial. Volteé, y mi mirada se perdió entre la gente que caminaba por el andador. No estaba del todo perdida: mis ojos se habían encontrado con él. Sí, era mi Nicolás, ¡era él!

Sostuvimos la mirada unos segundos, y cuando volteé a ver a mis amigas para decirles que él estaba ahí, volví la cabeza para verlo de nuevo, pero ya no estaba más. Simplemente había desaparecido. Una vez más, Nicolás se esfumaba de mi vida.

En medio de mi ansiedad, salté de la mesa y salí corriendo a buscarlo. Caminaba por las calles confundida, gritando su nombre, deseando con todas mis fuerzas que apareciera detrás de algún portón sorprendiéndome, y que se abrazara de mí hasta la eternidad. Pero no fue así, no logré verlo más, se esfumó. Llegué a pensar que estaba loca, y que aquello había sido sólo un espejismo. Pero no, era él y yo estaba segura: era su rostro, su pelo y su mirada.

Me quedé afuera del bar, recargada contra la pared, llorando. Nuevamente Nicolás desaparecía, y de nuevo también mi soledad se hacía presente.

———— ‡ ————

Y ahora los recuerdos regresaban a mi mente una y otra vez, tan a menudo que parecía que no hubiera salido de Guanajuato jamás.

Es cierto, echaba de menos también los tiempos de gloria, las aventuras con mi hermano, las vacaciones con mis padres, las risas incansables con mis amigas, los paseos por los andadores, cada puestito de artesanía en las calles, los pintores ambulantes, el aroma a café de casa de los abuelos, las cansadas caminatas por las largas calles que subían y bajaban por toda la ciudad.

Aquella mezcla que me daba felicidad; hoy se había convertido en sabores y emociones confundidas e intensas, muy difíciles de digerir.

———— ‡ ————

Vivir sola tiene sus ventajas: decorar la casa con mi personal estilo, con persianas de madera clara, la sala en tonos ocres, los cojines dibujados que me heredó el abuelo, la enorme pintura abstracta en el vestíbulo, la vajilla de barro que alguna vez compré en el pueblo de Dolores, la escultura del Quijote en papel maché y el tapete hindú, que jamás me permitió colocar mi madre en mi habitación.

Es verdad, tengo el departamento perfecto: un acogedor recibidor con jarrones hechos por obreros guanajuatenses, un estudio amplio, un escritorio antiguo y un gran ventanal por el que traspasan los colores del día, y me inspiran a escribir. Y en mi habitación, un pequeño tocador, una mesita de noche a juego con la cabecera de madera labrada… ¿Qué más podía pedir?

Por si fuera poco, puedo salir a cualquier sitio sin problemas por la hora de llegada, andar por la casa en ropa interior o en pijama con total libertad…

Y, sin embargo, no logro concebir el futuro con claridad. Si bien me veo en esta ciudad, con el mismo departamento y en el mismo puesto en la empresa, no imagino a un hombre, ni tampoco hijos en mi vida; ni siquiera me veo de regreso en casa con mis padres. Algo dentro de mí me dice que no debo volver a Guanajuato.

——— ‡ ———

Cuando estaba en casa ayudaba a Ignacio en todo momento: a vestirse, a bajarlo por las escaleras; a todo lo que necesitaba.

¿Qué había pasado con la magia?

Después del accidente, papá trabajaba casi todo el día y mamá, aunque estaba la mayor parte del tiempo en casa, ahora no sólo tenía que encargarse de hacer comida y poner orden en el hogar, también llevaba a mi hermano a la escuela y lo traía de regreso, lo bañaba, lo vestía e incluso lo acostaba a la hora de dormir.

Papá regresaba al anochecer, llegaba siempre cuando mi hermano ya estaba dormido.

Me culpé en muchas ocasiones, me llené de remordimiento. Lloré muchas noches, reprochándome lo mala hermana que era.

Así pasaron varios años. Y cuando llegó a mi vida el ofrecimiento de trabajar en *Mística*, la tragedia de Ignacio seguía presente.

¿Cómo podía salir a celebrar con mis amigas a brindar por mi prometedor futuro, mientras en casa las cosas sólo habían empeorado? ¡Y en medio de todo, el fantasma de Nicolás, que seguía rondando!...

Tengo fresco el momento en que reuní a mi familia para decirles que me marchaba. Recuerdo el semblante de mi madre, su cuerpo encorvándose como si estuviera cayendo sobre ella un objeto de gran peso. Y a mi padre con la mirada endurecida, diciendo:

—Es tu decisión, pero no creo que sea el momento de irte.

Ignacio se llevó las manos a la cara y con los ojos llenos de lágrimas intentó hablar, pero de su boca no salió una sola palabra. Retrocedió en su silla de ruedas y se alejó de aquella escena.

Después de un par de meses de haberles comunicado que me iría a vivir a la capital, finalmente papá me llamó a su despacho y tras una larga charla, logramos entendernos. Él aceptó mi decisión y yo me quedé en paz.

Pensé que al irme de casa me liberaría de todo aquello que me ataba al pasado, y sin embargo no fue así.

No me interesaba seguir una vida como la de antes, en la que simplemente me había dedicado a sentir, a compartir y a amar, ¿para qué?: perdí al abuelo y a Nicolás cuando más los adoraba, perdí al Ignacio de antes, y la tranquilidad y la armonía de mi hogar.

¿Para qué amar, para que sentir?, si al final, lo perdería todo, una vez más.

Estar concentrada en mi trabajo sería mejor y más cómodo para mí. En su momento, la universidad había sido un refugio perfecto, mi guarida y mi camino a seguir. Eso, pensaba, sería también mi trabajo y mi nueva vida en la gran ciudad.

Y aun cuando los recuerdos me persiguen, hoy mantengo la cabeza en alto; el trabajo ha sido el motor que me despierta por la mañana y no hay nada en el mundo, por lo menos por ahora, más importante para mí.

Desde que firmé contrato en *Mística* me planté en trabajar cada día con más esmero, y no me moví de ahí. Con el tiempo he ido aprendiendo cada vez más, y gracias a mi dedicación y constancia, a la fecha he tenido grandes reconocimientos. El primero de ellos, fue cuando cumplí seis meses en la empresa y salió publicado mi artículo sobre moda en los años setenta. Al parecer, fue uno de los más leídos del año. Me di a conocer en el medio, y a partir de entonces me entregué día con día segura de mi papel como redactora. Supe que esa debía ser mi doctrina de vida.

Hablaba poco con mi familia, a pesar de lo mucho que los amaba. Sin embargo, no podía apartar de mí la necesidad de estar lejos de todo aquello. No toleraba ver a mi hermano atado a su silla de ruedas y sus eternas quejas, su furia ante la vida, ni a mi madre mortificándose por él. Me destrozaban los pleitos. Estaba cansada de sentir esa soledad en mi propia casa.

En mi nueva vida debía permanecer fuerte y jamás exhibir a esa persona sensible, vulnerable que era en realidad yo.

En numerosas ocasiones me senté y analicé cómo serían mis días si hubiera permanecido en Guanajuato. Qué habría pasado si Ignacio no se hubiera accidentado y siguiera aquí el hermano incansable, divertido y audaz con el que reía a carcajadas; si mi abuelo no hubiera muerto y en este momento estuviera contándome una de sus mágicas historias sobre la familia... y si Nicolás estuviera a mi lado abrazándome fuertemente. Sabía que, si nada de aquello hubiera sucedido, yo sería la de siempre, ¡sería feliz!

Pero ante la adversidad decidí huir de la gente que más quería, convencida de que era lo mejor. Y ahora habitaba un lugar casi desconocido para mí, oculta en este caparazón llamado *trabajo*.

CAPÍTULO 5

La melodía

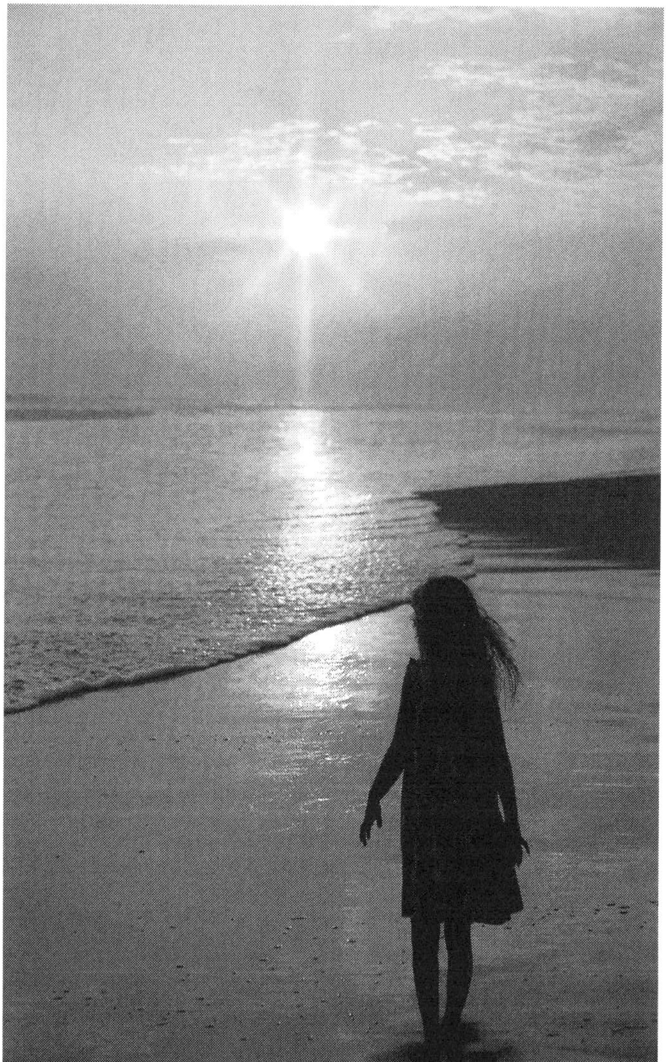

Mi celular comenzó a sonar justo cuando caminaba de regreso a mi departamento. No reconocí el número en la pantalla, así que decidí no contestar.

Agotada, abrí la puerta del departamento ya entrada la noche. La enorme carga de trabajo había caído sobre mí como una lápida. No tenía ánimos para nada.

Simplemente deseaba abrir el refrigerador y con las tortillas de maíz y el queso Oaxaca preparar unas deliciosas quesadillas bañadas en salsa de chipotle, acompañadas de un vaso gigantesco de leche con chocolate. Después, ansiaba echarme frente al televisor.

No había acabado de entrar, cuando mi celular sonó avisando el nuevo mensaje de voz que llegaba, y marqué para escucharlo. Grabada se oía una bella melodía instrumental. Presté atención y enseguida percibí que aquella era una música suave y relajante. ¿Quién habrá llamado? Por unos instantes una extraña sensación invadió mi cuerpo y el estómago se me comprimió; sentí una emoción indescriptible, como si las notas escuchadas emitieran un lenguaje que habría que descifrar. Todo aquello me invadió de alegría, pero a la vez, debo confesarlo, sentí cierta confusión.

Soltar la carcajada en ese momento no estaba de más. Aventé las llaves del departamento dentro de uno de los jarrones del recibidor, dejé el portafolio recargado contra la pared, y ansiosa marqué el número registrado en el celular; reventaba por saber de quién se trataba...

Sólo escuché la inconfundible voz grabada de telefonía celular: "El número que usted marcó no existe". Pensé que quizá alguien habría llamado a mi teléfono desde una caseta telefónica.

Mi celular sonó nuevamente, y esperanzada de obtener alguna respuesta, contesté de inmediato. Era Luis. Debí imaginarlo.

—Hola, Luis. Bonita melodía.

—¿De qué hablas, María? ¿Cuál melodía?

—Por Dios, Luis, la música que dejaste en el mensaje de mi celular.

—Yo no dejé ninguna música. María, me desconciertas.

—¿No fuiste tú?

Si no había sido él, ¿entonces quién? Algo estúpido estaba conmocionándome; mi mente dio mil vueltas, en mi interior se sacudía una sensación que juré había perdido.

Todo parecía revertirse en ese momento y, ¡yo no sabía cómo reaccionar! ¡Qué fascinación! El cansancio había desaparecido repentinamente. Preparé las quesadillas y la leche con chocolate, y a marcha lenta caminé con la cena hacia mi habitación repasando lo sucedido.

Abrí la ventana dejando que el aire fresco impregnara el ambiente. El cielo dibujaba ya algunas estrellas en el firmamento. Con ayuda de la imaginación, borré los enormes edificios y banquetas de asfalto que a diario trazaban la realidad, para pintar en su lugar montones de árboles frondosos, una linda casa de madera con chimenea, y al costado, un establo con vacas y caballos. Sobre la cerca llegó a posarse un pajarillo de alas doradas, silbando la extraña melodía, para avisar que la noche había llegado. Suspiré profundamente y pensé: "¡Este lugar se parece tanto al rancho del abuelo!".

¿Qué me ocurría?, ¿acaso me estaba volviendo loca?

Pensé por un instante lo importante que es la música para expresar sentimientos, ¿pero a qué sonaba esa música? Era suave y cálida al oído. Interesante, tal vez...

Quería creer. Aquella era la melodía más hermosa que había escuchado jamás, pero ¡por Dios!, era absurdo. Y, sin embargo, había provocado en mi alma emoción y también melancolía. ¡Sí!, una enorme y profunda melancolía.

Sentí una terrible necesidad de oír la voz de mis padres y los llamé en ese momento. Afortunadamente todo marchaba bien. El trabajo de papá seguía progresando, según contó. Qué tranquilidad.

---*---

Poco antes de marcharme de Guanajuato, papá había emprendido con mucho esfuerzo y dedicación, un nuevo negocio tras haber sido despedido de la gerencia de una fábrica de autopartes.

¿Cómo olvidar aquel momento, como todo lo que ocurrió entonces? ¡Qué duro golpe para todos ver que después de 20 años de trabajo, y con un sueldo bastante decoroso, todo se perdía!

Recuerdo que era un viernes cuando papá llegó a casa destrozado. Su mirada era otra, no había ni un ligero asomo de sonrisa en su cara. En cuanto cruzó la puerta abrazó a mamá desconsolado. ¡Pocas veces lo había visto llorar!

La empresa quebró, y todos los que trabajaban ahí tuvieron que irse.

Pasó más de un año y papá no encontraba trabajo. En casa no había dinero suficiente. Pidió préstamos para pagar nuestras colegiaturas. Esos meses ¡ni qué decirlo tiene!, no hubo más vacaciones ni regalos.

La terapia de Ignacio se redujo a un día por semana, con lo cual se detuvo su avance físico, y desde luego también su recuperación emocional. Se sumaba una desgracia más.

Mi hermano abandonó la universidad. Se enclaustró en su dormitorio durante meses sin siquiera ver el sol, pues todo lo que quería era simplemente dormir. Las persianas cerradas, eterna oscuridad.

Apenas probaba bocado, y poco a poco su cuerpo se modificaba cual Quijote; sus brazos semejaban tubitos de caramelo, tan frágiles y delgados que parecían romperse. Llegó la anemia y con ella, días enteros en cama conectado a una botella de suero.

Una y mil veces intenté animarlo platicándole, alentándolo a salir y divertirnos, pero no me contestaba, ni siquiera me veía a los ojos. Permanecía día y noche cubierto con las cobijas hasta la barbilla y la mirada perdida hacia las cortinas de su oscura habitación.

En varias ocasiones vi llorando a mamá tras la puerta del cuarto de Ignacio, culpándose de la desgracia.

Quería correr hacia ella y abrazarla para llorar a su lado. Sin embargo, nunca lo hice. Hincada sobre mi cama, rezaba noche a noche y pedía a Dios me regresara a mi familia. ¡Qué ingenuidad la mía!

Más tarde, papá, con muchos esfuerzos, abrió una pequeña mueblería, a la que bautizó como Maring, una palabra formada con las primeras letras de mi nombre y el de mi hermano. Con el tiempo, la mueblería de papá resultó ser un muy buen negocio.

———✣———

Después de hablar con papá, mamá se puso al teléfono y me dijo que Ignacio por fin había logrado salir de la depresión. No pude hablar con él, pero supe que finalmente había vuelto a la universidad y que por las tardes estaba trabajando en la mueblería. ¡Qué alegría!

La última imagen que guardaba de él, después de que salió de la cama y de la oscuridad de su cuarto no era más alentadora: con la mirada baja, Ignacio permanecía anclado a su silla de ruedas frente al televisor horas y horas.

Hoy supe también que asiste a su terapia cinco veces a la semana con el doctor Rico, excelente terapeuta y gran amigo del abuelo Miguel. Ignacio no sólo recibe terapia física, sino también psicológica. Eso ha sido una gran motivación y un extraordinario estímulo emocional. ¡Qué alivio saber que finalmente todo iba mejor!

Eran la 10 de la noche, me recosté sobre el edredón de mi cama, la cabeza me daba vueltas, repasaba una vez más mi vida: se agolpaban a mi mente las épocas de enorme felicidad, en contraste con las de intenso sufrimiento.

Añoraba aquellos días en familia, a mamá asomada desde la pequeña ventana de la cocina que daba al jardín, llamándonos a la mesa para decir que la comida estaba lista. Y a papá entrando por la sala de la casa, y diciendo una y otra vez las mismas palabras:

—De vuelta a mi hogar.

Entonces yo corría a abrazarlo y me llenaba de su olor, un sutil aroma a sudor con mezcla de su Fahrenheit, su loción favorita.

Extrañaba los juegos con Ignacio y desde luego a mamá, las divertidas comilonas en casa de los abuelos, las mañanas con el abuelo Miguel y los largos "recorridos felices de repartición", los días de supermercado con mis padres y mi hermano. Deseaba por instantes, sentarme nuevamente en la mesita azul de la heladería, y volver a sentirme como entonces...

Echaba de menos también los andadores y las calles angostas de la ciudad, caminar por la noche hacia cualquier lugar sin temor a nada ni a nadie.

Extrañaba mi cálida habitación y a mis muñecas sentadas en la repisa de madera, frente a mi cama.

Y hoy estaba aquí, en este sitio tan distinto a aquel donde alguna vez fui feliz. Eso era precisamente lo que hacía posible la comparación. En medio de mis pensamientos me pregunté si en realidad estar así y en este nuevo sitio era lo que quería.

Claro que esto es lo que quiero, yo escogí esto para mí, me respondí a mí misma en el acto.

Fijé la vista en un punto en el cielo negro que veía desde mi ventana. Entre mis pensamientos y el cansancio, caí de inmediato en un profundo sueño.

CAPÍTULO 6

Sueños extraños

Lentamente abrí los ojos, y desde mi cama vi cómo amanecía: un rayito de luz se dibujó desde la ventana, hasta iluminar parte de mi cuerpo, y con su delicado brillo, chispas de preguntas llegaron a mí: ¿Mi destino? ¿Qué es? ¿Qué sucedía con mi vida? ¿Qué seguiría? En ese instante recordé la música en el celular, y la emoción que me había provocado, y entonces pensé que quizá había llegado el momento de volver a vivir.

Desde la ventana descubrí un cielo despejado y cálido, exhalé profundamente. Hoy respiraba un día diferente. Sí, era tan distinto al ayer de siempre. Tomé un baño, y bajo el agua tibia, ¡me sentí viva otra vez!

———— ‡ ————

Recorrer la ciudad y observar a mi alrededor sería mi objetivo del día.

Caminé hacia la calle principal del centro de la ciudad. Era un espléndido sábado, fin de semana, y la gente disfrutaba el considerado clima.

Me sentí diferente, bailaba por las calles y observaba con curiosidad todo lo que sucedía a mi paso. Noté alegría por doquier, ningún desajuste en la ciudad.

El cielo era muy azul, y en su espacio abierto corría un aire fresco. Todas las personas que pasaban a mi lado irradiaban felicidad, sonrisas compartidas, pláticas de placer, amistad por dondequiera.

Continué mi recorrido hasta que llegó la tarde; admiré los monumentales edificios que me rodeaban, repasé museos y *boutiques*.

La gente me observaba de manera distinta. Quizá lucía bien ese día. Tal vez mi nueva actitud los atraía. Caminé segura varias cuadras más.

Pude percibir en el ambiente una ola de agradable energía. Los niños corrían y jugaban por las calles; las parejas caminaban tomadas de la mano; el tránsito estaba sereno y disminuido. La gente, respetuosa. Me sentí muy bien, entera, bella y feliz.

Decidí regresar a casa, no sin antes detenerme en algún sitio para comer, y así seguir respirando el extraordinario momento. ¡Qué manera de ser feliz hoy en la ciudad!

Encontré en una esquina un restaurante, al parecer agradable: La puerta dorada. No recordaba haberlo visto antes, ni siquiera lo había oído mencionar. Entré curiosa al lugar.

Había varias mesas ocupadas. De inmediato un camarero se acercó a recibirme, y amablemente me encaminó hacia una de ellas, con ventana a la calle. No habló, simplemente sonrió. Colocó cordialmente la carta sobre la mesa, y después se retiró. Luego de algunos minutos regresó, inclinó la cabeza y yo sin dudar, ordené.

Después de tomar mi orden, dio media vuelta y se dirigió hacia la cocina sin pronunciar palabra alguna.

Volteé hacia la ventana, el perfecto día soleado seguía afuera.

Observé el lugar detenidamente. Era confortable, lo iluminaban colores vivos: las mesas y sillas de pino, pulidas y barnizadas, estaban cubiertas por unos pequeños manteles rosa pálido. Los comensales disfrutaban sus platillos, un olor a pan recién horneado inundaba el lugar. Todo lucía primoroso.

El camarero llegó con mi pedido y colocó sobre el mantel mis crepas de flor de calabaza, se veían realmente exquisitas: queso gratinado encima, cayendo hasta el ras del plato, colocadas a la perfección en el centro, con un adorno de perejil y un pequeño jitomate *cherry*.

Enseguida se retiró sin decir una sola palabra, pero sin perder la enorme sonrisa.

Disfruté mis crepas como nunca. Me invadió el aroma y me encantó la suavidad que sentí en cada bocado. ¡Simplemente perfectas!

Hice una señal al camarero y ordené en voz alta:

—Tráigame una limonada bien fría.

En un minuto, estaba sobre la mesa.

De pronto descubrí frente a mí un espejo antiguo, muy hermoso, con un marco labrado en madera y un baño dorado muy fino. Tenía un encanto especial.

Al reflejarme en él, noté en mí la mirada luminosa, la piel suave y el pelo extremadamente brillante. Mostraba frescura, y como complemento a ello vi mi silueta bien delineada. Ahora entendía por qué la gente me observaba y reía conmigo. Sonreí a mi propio reflejo y durante unos segundos, viví el paraíso. Todo era perfecto.

Decidí permanecer un rato más en aquel sitio. Estaba cómoda, así que ordené un capuchino.

El camarero se acercó a mi mesa con un café espectacular. En una copa de cristal muy delgada y alta, sobresalía una espesa y cremosa espuma. Al ponerlo sobre la mesa, lo roció con chispas de chocolate blanco en forma de esferas y una lluvia muy fina de canela. ¡Simplemente delicioso!

Mientras bebía mi capuchino intentaba comprender por qué el día me había resultado tan especial. Sí, había sido maravilloso, pero también muy extraño. La gente caminaba sin prisa, simplemente disfrutando el momento.

Volteé la mirada hacia la ventana, y detrás de mí pude ver a una señora mayor, de pelo negro, perfectamente recogido con una peineta de perlas nacaradas. Vestía de blanco con encajes. Acaparó mi atención, no sólo por su anticuada apariencia, sino también por su extraño comportamiento.

De pie y frente a la ventana, justo delante de mí, me miró detenidamente, y después sonrío. Comenzó entonces a mover la boca rápidamente, como queriendo decir algo, aunque no logré comprender sus palabras.

Segundos después desapareció. Apresuradamente salí del lugar para seguirla; miré hacia ambos lados de la calle, pero para mi sorpresa ya no estaba. ¿Había desaparecido? Confundida, regresé a la mesa del restaurante.

¡Nadie había hablado conmigo en todo día, y de la nada una mujer que jamás había visto antes aparecía tras la ventana tratando de decirme algo! Aquello comenzaba a inquietarme.

El día empezaba a dar un giro drástico: la tranquilidad y la perfección se desvanecían, y en su lugar aparecía una terrible confusión.

Pagué la cuenta y traté de apresurar el paso por las calles para encontrar a la mujer. En mi desesperación, tropezaba bruscamente con las personas que pasaban a mi lado. Seguí mi camino, pero nada, ni rastro de ella, como si la tierra se la hubiese tragado. Estaba realmente desconcertada.

Decidí regresar a casa. Enloquecida, incluso llegué a gritarle a aquella mujer, le la llamé, pero todo fue inútil. La gente a mi alrededor seguía caminando con una estúpida sonrisa en la cara. Todo aquello era absurdo, y yo comencé a fastidiarme. Hasta los policías me miraban sonriendo, a pesar de que yo llegué a sentir que estaba perdiendo la razón. Aquello había dejado de ser agradable. Me sentí sola, confusa. Tal vez estaba muerta, pensé. En ese momento creí no existir.

El día acababa, y yo seguía sin comprender. Repasé las situaciones extrañas que habían ocurrido durante el día, una tras otra. ¿Cómo explicar que sólo había habido una persona que me había tomado en cuenta y, que cuando intentó hablarme, de la nada había desaparecido? Por más que buscaba una explicación, no lograba encontrarla.

Ni siquiera el camarero se había dirigido a mí. Es cierto que me había atendido bien, pero no cruzó una sola palabra conmigo. Cuando me trajo la cuenta y pagué, simplemente inclinó la cabeza para darme las gracias.

Llegó la noche y con ella las calles comenzaron a despejarse: la ciudad entera se sumergió en un terrible silencio.

Perturbada, me senté en una banca del parque. Las calles se iluminaron y ya muy pocas personas transitaban por ellas. Me sentí terriblemente sola en medio de un sitio; en ese momento para mí desconocido.

Tuve miedo de llegar a mi casa y enfrentarme de nuevo con la soledad, que de pronto se había vuelto aún más profunda. No entendía nada. Unas ganas enormes de llorar me invadieron, y no pude contenerme.

Finalmente abrí la puerta. Silencio. Todo estaba igual que cuando me había ido, y, sin embargo, la felicidad de la mañana se había desvanecido por completo.

Me puse el pijama, y me acosté sobre las cobijas. La cabeza me daba vueltas, el vacío parecía no acabar; quería dormir. Fue difícil conciliar el sueño. Un par de horas después, finalmente logré dormir.

———*———

Amanecía... Un día más de tantos, y la eterna pregunta: ¿qué es el destino?

Una mañana con el cielo vestido de gris. Miré hacia la ventana, lloviznaba. Me sentía cansada. La cabeza me daba vueltas, y sin embargo, sabía que no debía quedarme en la cama. Me obligué a salir. Debía disfrutar del nublado y gris sábado.

A pesar de mi falta de ánimo, decidí darme un baño. El agua estaba helada. ¡Maldita sea! No había gas. Las gotas comenzaron a caer como golpes de hielo sobre mi cuerpo tambaleante.

La lluvia disminuyó. Desganada, y a medias, terminé de arreglarme. Me dirigí a la calle. El elevador del edificio se había descompuesto: me esperaban seis largos pisos por bajar. Mi cuerpo continuaba helado, mis rodillas entumidas tardaban en reaccionar.

Salí hasta la avenida principal, estaba muy sucia: el aire y la lluvia habían arrastrado una enorme masa de basura y una capa de espeso humo cubría la ciudad, los rostros de las personas eran extraños, apagados, tristes. ¿Qué pasaba? Se escuchaban voces desesperadas gritando desde los automóviles, sonidos perturbadores de ambulancias

Crucé la acera y lo primero que vi fue a un niño pequeño con el pelito largo y los ojos inundados de lágrimas; su madre le reclamaba algo, al tiempo que le soltó un golpe en su pequeña cabeza, de la cual salió una diminuta nube de polvo. El niño se sobó sin perder su mirada entristecida.

Seguí caminando por la calle, y vi a un hombre ebrio que maltrataba a su mujer, la jaloneaba con fuerza y la azotó contra la pared.

Quizá no debí meterme, pero no soporté ver tan desagradable escena. Me acerqué, tratando de ayudar, y un violento empujón me derribó. Caí sobre la acera y mi pantalón se rasgó por el agresivo roce del pavimento.

Nadie de los que pasaban por ahí se detuvo a tratar de ayudar. Decepcionada, y un poco adolorida, continué un camino sin rumbo. De pronto a la distancia, alcancé a ver a dos hombres con los rostros cubiertos; los seguí con la mirada. Sorpresivamente vi cómo arrebataron la bolsa a una señora mayor; pobre mujer, pensé. Ella comenzó a gritar desesperada.

Mí tardía, y seguramente torpe reacción, fue correr hacia donde iban los ladrones. Enseguida recapacité, agotada me detuve y comencé a pedir ayuda. Gritaba desesperada, pero al parecer nadie me oía. ¿Qué estaba ocurriendo en esta ciudad?

Caminé hasta donde estaba la señora e intenté calmarla, pero no contestó siquiera mis preguntas. Una enorme impotencia se iba apoderando de mí.

Caminé cabizbaja por las calles, no quería ver más. Busqué un lugar para comer algo. Necesitaba calmar mi ansiedad descontrolada. Los nervios me estaban matando.

Al fin encontré un restaurante abierto en una esquina: La puerta dorada. No pintaba del todo bien, pero no tenía otra opción y entré. Un camarero, muy alto, descuidado y torpe, me abrió la puerta y con una seña, me indicó que entrara.

En la barra, un hombre de aspecto hostil bebía una cerveza oscura. Los dos me miraban incómodamente.

Me senté y llamé al camarero. Largos minutos después se acercó a mi mesa y, de mala gana me dejó la carta. Ordené crepas de queso con flor de calabaza. Él tan sólo movió la cabeza afirmando, y se retiró.

El lugar era horrible, con colores apagados entre los que sobresalía el café oscuro. Muy estropeado, abandonado, la decoración vieja y de mal gusto, desprendía un fuerte olor a mueble antiguo y grasa de cocina.

Después de unos minutos llegó mi orden. A la vista, el platillo lucía asqueroso. El aroma era también desagradable. Más tarde ordené desde mi mesa una limonada.

De frente a mí, de pronto vi un enorme espejo de madera con baño dorado, el ancho marco, muy maltratado, parecía muy antiguo. Una grieta lo partía de extremo a extremo.

Me reflejé en él. Peor día frente a un espejo que jamás había visto. Mis ojos se veían tristes y ojerosos; mi piel seca y macilenta. El pelo sin brillo, opaco.

La enorme grieta partía mi pecho en el reflejo. Mi apariencia era fatal, tanto así, que decidí cambiar de silla y dar la espalda a mi propia imagen.

Las crepas estaban incomibles; el sabor era más bien amargo y la textura un tanto pastosa.

En eso volteé hacia la ventana, y vi entre la lluvia a una mujer mayor de pelo negro recogido con una delicada peineta de perlas nacaradas. Llevaba un largo vestido blanco. Apareció tras el cristal repentinamente, y noté que me miraba fijamente. Sentí miedo. La mujer intentó hablarme, pero por más que traté de leer sus labios no logré entender lo que me quería decir.

Se veía desesperada. En un instante desapareció del marco de la ventana. Inmediatamente salí del lugar para tratar de alcanzarla. Miré a ambos lados de la calle, pero ya no estaba.

Caminé alrededor, pero tampoco tuve éxito, simplemente desapareció.

Me fui. No pude evitar derramar una lágrima.

El viento y la lluvia iban en mi contra. La gente me veía como quien ve a un fantasma. Un vacío desgarrante se apoderó de mi cuerpo. Entre la lluvia y la indiferencia, continué mi camino de regreso a casa. ¿Por qué la gente era tan infeliz? ¿Por qué me sentía tan sola? Quizá estaba muerta. Llegué a casa, y todo era silencio. Mi celular sonó insistentemente. En ese instante me percaté de que en todo el día no había recibido ni una sola llamada. No reconocí el número registrado. Contesté sin dudarlo, nadie habló del otro lado del teléfono, sólo escuché la música suave y bella. Otra vez la melodía. ¿Quién era y qué trataba de decirme? Después del trago de confusión, me recosté. La cabeza me daba mil vueltas, sólo quería dormir. Fue difícil conciliar el sueño después de tal día. Tras un par de horas por fin mis ojos cedieron al sueño.

———— * ————

El día parecía tan igual a los demás, pero al mismo tiempo tan distinto. Observé el cielo a través de la ventana, era azul intenso, con una que otra nube vagando en su enorme espacio. Se escuchaba el ruido de los coches circulando por las calles, el murmullo exagerado de los vecinos en los pasillos del edificio.

Luis llegó. Aquel era un sábado, tan común como cualquier otro.

—¡Qué sueños tan raros tuve anoche, Luis! Dos iguales, en el mismo escenario, pero con dos diferentes estados de ánimo, en mi persona y en el entorno. Primero la euforia total, y después una infinita tristeza; lo peor es que en ambos sueños, la gente me ignoró por completo. Y cuando desperté (¿o estaba aún dormida?), escuché (o mejor dicho vi) la llamada una vez más. De nuevo, aquella música comenzó a sonar.

Entre el primero y el segundo sueño desperté dispuesta a vivir el momento, abierta a la vida, pero me quedé nuevamente dormida y la ilusión se desvaneció como por arte de magia. Fue todo muy confuso. Me alegro de que hayan sido sólo eso: sueños.

—¡Me imagino que sí! Tranquila, María. Fue simplemente una mala noche.

—Sí. Dos sueños muy extraños. Deben tener un significado importante, ¿no crees?

—Bueno, los sueños no siempre significan algo. Creo que le estás dando demasiada importancia. Todos tenemos sueños todas las noches y no tienen forzosamente un significado.

—Pero estos sueños no fueron como otros. Es la primera vez que despierto en sábado tres veces consecutivas. Espero que éste sí sea el verdadero sábado.

Ambos sonreímos.

—Me voy a acabar de arreglar, para después salir a vivir este sábado real. Mientras tú, puedes tomarte un café. Ya esta listo.

———— ✤ ————

La calle estaba muy transitada, al igual que sus andadores. La gente paseaba, como un sábado normal. Niños, adultos y viejos caminaban por las banquetas. Unos reían, otros permanecían serios. Caminaban, corrían… sin duda: era un sábado común, un sábado como siempre.

Me sentía bien. No sólo por recorrer la ciudad, ahora al parecer en realidad, sino también por el misterio que debía descifrar. Eso volvía más interesante mi vida.

— ¡Claro, Luis! Debemos ir al restaurante de mis sueños, donde vi a aquella mujer. Debe existir. Me acuerdo perfectamente de la ubicación.

— ¿No estarás exagerando, María? Quedamos de comer con Renata en la cafetería de las crepas.

—Ya lo sé, Luis, pero aún es temprano. Nos da tiempo de ir hasta el lugar de mis sueños.

Llegamos a la calle en donde en mis sueños se ubicaba La puerta dorada" Estaba cerrado. Pegué la cara contra una de las ventanas y pude ver el lugar: era idéntico al de mi sueño, pero sin muebles. Alcancé a ver en la pared el enorme espejo que ya conocía. Al parecer era el mismo.

Pensé que en algún momento este sitio debía haber sido también un restaurante, como el de mi sueño.

A lo lejos alcancé a ver una mesa con papeles encima, y contra la pared, una pintura muy grande. No distinguí bien la imagen, pero parecía una cara. Intenté abrir la puerta, pero fue inútil. Estaba cerrada con llave.

—Debemos encontrar al dueño de este lugar.

—Ya olvídalo, María. Entiende que lo tuyo fue sólo un sueño.

Noté un poco molesto a Luis, quizás estaba cansado del tema. No lo obligaría a seguir en esto. Le dije que si quería se adelantara con Renata. Yo tenía que seguir averiguando, e intentar llegar al fondo de todo. Enseguida reaccionó.

—Estaré contigo.

Al lado izquierdo del restaurante, había una florería. Luis y yo entramos. Una señora de pelo crespo y largo atendía.

—Señora, buenas tardes, me interesa saber sobre el local vecino, ¿sabe usted de quién es?

La mujer poco amable y con la cara larga, respondió:

—Tengo un par de meses trabajando en esta florería, así que no podría informarle nada.

Y siguió arreglando una vitrina como si Luis y yo no existiéramos.

¡Qué mujer más amargada!, pensé. Nos fuimos molestos por su antipática actitud.

Caminamos un poco y nos topamos con una librería de libros antiguos. Entramos con la esperanza de obtener alguna información.

Frente al mostrador estaba un hombre mayor de largas barbas blancas, y grandes ojos azules. Al vernos entrar, preguntó en tono amable:

—¿Puedo ayudarles en algo? ¿Buscan algún libro en especial?

—Buenas tardes, señor. En realidad, buscamos información sobre el local cerrado. ¿Sabrá algo al respecto?

Un profundo silencio invadió la amplia librería. El anciano se quedó pensativo y, al final sonrió mientras decía:

—Pertenece al señor Prado. En un tiempo fue un restaurante muy concurrido, con una comida exquisita. Yo mismo comía frecuentemente ahí, pero cuando la señora Prado murió, el señor cerró el restaurante, aunque el local sigue siendo de él.

—¿Sabrá usted dónde podremos localizarlo?

—Sólo sé que se mudó. Antes vivía a unas cuadras de aquí. Ocasionalmente lo veo que viene por aquí, pero tengo apuntada su antigua dirección, permítanme tantito. Tal vez ahí le puedan informar algo.

El anciano tomó una libreta pequeña y comenzó a hojearla. Después nos dio una dirección: Prado 22.

—Ojalá le sirva porque la casa está en las mismas condiciones que el local: abandonada.

—Le agradezco mucho, señor. De algo nos servirá.

—Si no es indiscreción, ¿les interesa rentar el local, o es que tiene algún interés especial en él?

—Ambas cosas, señor, es muy importante para nosotros localizarlo. Así que, si usted llega a saber algo del señor Prado, por favor hágamelo saber. Mi nombre es María Valencia.

Y mientras decía esto último, saqué de mi cartera una tarjeta personal con mi teléfono y la coloqué en la tambaleante y arrugada mano del librero.

—Disculpe, ¿cuál es su nombre, señor?

—Me llamó Rafael Cortés, a sus órdenes. Cualquier cosa que sepa yo le avisaré, señorita María.

Alentados, tomamos un taxi y nos dirigimos hasta la casa deshabitada del señor Prado, se agolpaban mil pensamientos en mi cabeza, ¿cómo sería aquel hombre? ¿Qué tendría que ver con mis extraños sueños?

La calle era ancha y llena de árboles frondosos. Las casas enormes, y la mayoría muy antiguas.

Por fin llegamos al número 22.

La reja entreabierta del jardín nos permitió introducirnos hasta la puerta principal. Giré lentamente la chapa, implorando que estuviera abierta.

—Está cerrada. Era de suponerse. Debe de haber algún lugar por donde podamos entrar —le dije a Luis.

Rodeamos por el jardín para ver si alguna de las ventanas estaba abierta. Quizá habría una puerta de servicio trasera. Sí existía, pero estaba cerrada también, al igual que todas las ventanas.

Era mejor salir de ahí. En ese instante un coche blanco se detuvo frente a nosotros. Una señora madura al volante sonrientemente bajó el cristal de la ventana, y preguntó:

—¿Buscaban a alguien?

—Sí, señora, buscamos al señor Prado.

—¡Uy no, hija! Hace mucho que se mudó de aquí; la casa está sola, pero cada 15 días vienen a limpiarla. El señor Prado no se ha parado por aquí desde que se mudó.

—¿Y usted sabe cómo puedo localizarlo?

—No, pero podrían preguntarle a la mujer que viene a hacer la limpieza; seguramente ella sí lo sabe.

———— * ————

Eran más de las 3 de la tarde y Renata nos estaba esperando en la cafetería de las crepas.

—No te desanimes, María, ya encontraremos la forma de dar con el señor Prado.

—Sí, seguro. No me quedaré tan tranquila después de mi agitada anoche.

¡Qué extraño es todo esto!, pensé mientras le respondía a Luis. Mi sueño coincidía prácticamente con la realidad.

Cuando llegamos a la cafetería, Renata ya estaba en la mesa.

— ¡Hola! ¿Por qué llegan tan tarde?

—Ha ocurrido algo… Bueno, la verdad, nunca sucedió más que en los sueños de María.

— ¿De qué hablan? ¡No entiendo nada!

Decidí contarle a Renata lo que había soñado y lo que me proponía hacer. Después de todo, ella también conocía ya parte de mi vida, y con toda seguridad me apoyaría.

— ¡Pero, María!, tal vez sólo fue un sueño. Yo no creo mucho en esas locuras de las que hablas…

—No estoy loca. Algo dentro de mí me dice que mi sueño tiene un trasfondo, nunca me había pasado algo tan extraño. Quiero averiguar más.

Noté cómo Renata y Luis discretamente compartían miradas. Tal vez pensaban que estaba trastornada, pero no me importaba. Tenía que seguir hasta el final.

—No te voy a dejar sola, te acompañaré en tu búsqueda, por absurda que parezca —dijo caballerosamente Luis — tal vez Renata piense lo mismo, ¿no?

— Claro que sí, María, discúlpame si te ofendí. Si esto es importante para ti, claro que te apoyaré —agregó Renata.

—Puede parecer una locura, pero créanme, me siento obligada a seguir buscando —concluí.

Estaban dispuestos a acompañarme, y yo me sentía segura con ellos a mi lado.

De pronto, y sin pensarlo demasiado, dije:

—Hoy comeré unas crepas de flor de calabaza.

En cuanto pronuncié esas palabras, solté una sonora carcajada. Renata volteó a ver a Luis con la certeza de que había enloquecido.

—¿Qué te pasa, María? Me desconciertas —dijo alarmada.

—Eso fue lo que comió en sus extraños sueños: crepas de flor de calabaza. Esas crepas que se quedarán en su cabeza para siempre —le respondió Luis.

Por segundos me quedé muda. ¿En verdad estaría enloqueciendo? Me cuestioné si verdaderamente hacía lo correcto, o si mis amigos tenían razón al sugerirme que no diera tanta importancia a un par de sueños, que eran eso: sólo sueños.

Las crepas estaban buenas, sí, ¡muy buenas! Por algo ese restaurante era de mis favoritos. Sin embargo, después de probar las de mi inolvidable primer sueño, decidí que no existía nada mejor. ¡Aquellas eran realmente extraordinarias! Ni recordar las de mi segundo sueño: ¡agh!, repugnantes.

Era sábado, como tantos otros del año, para caminar por la ciudad, hablar, observar las calles, e ir a comer una deliciosa comida. Aunque pensándolo bien, aquel no era un día tan común y corriente si tomo en cuenta que en la madrugada había ocurrido algo completamente inesperado, y a la vez aterrador.

Después de comer, Luis y Renata se marcharon y yo regresé a mi casa. Saludé al conserje y a los inquietos hijos del departamento vecino. Todo parecía tan usual como siempre.

Ya en casa un aire helado recorrió mi cuerpo, tomé una pequeña cobija del armario, y me recosté tapándome hasta el cuello, cerré los ojos, y en total oscuridad hice un recuento de mis sueños. ¿De qué se trataban? ¿Qué significaba ese enigmático día color de rosa y enseguida aquellas horas deprimentes? ¿Qué relación tenían con mi vida? ¿Qué tenía que ver el restaurante? ¿Quién era la mujer que había intentado hablarme? ¿Por qué me estaba pasando esto a mí? ¿Hasta qué punto era mi imaginación pensar que estos sueños tenían un trasfondo real? Y volví a pensar: ¿estaré muerta?

No podía olvidar nada de lo ocurrido: la música en el celular retumbaba en mis oídos, y ¡el restaurante de mis sueños existía en realidad!

Y también la pintura cubierta de polvo, el espejo. Eran reales la florista, el viejo de la librería, la casa abandonada, la mujer del auto, el señor Prado, su historia y la extraña relación conmigo…

¿Qué había detrás? Yo no sabía que existía La puerta dorada. Apareció en mis sueños, las dos veces, y en el lugar exacto en el que en realidad estaba el restaurante abandonado del señor Prado…

Pensé en hablarle a mi madre para contarle todo, pero no lo hice.

Era muy probable que me ignorara: mi familia solía ser muy escéptica, y lo que menos quería escuchar era lo que ya me había dicho Luis:

—Es un sueño nada más.

Me recosté en el sillón y prendí la televisión. Fui recorriendo los canales sin sentido. Mi mente volaba, no podía concentrarme en ningún programa. Parecía que todo lo que me rodeaba había desaparecido. Ni siquiera el trabajo llamaba mi atención, mucho menos recordaba que era mi sostén de vida. No visualizaba a mi jefe, ni a mis compañeros de trabajo, ni la cara de la cajera que me cobraba los viernes en el supermercado.

Mis sentidos y mi mente se enfocaban una y otra vez en lo extraño: en mis sueños.

Tenía miedo de dormir esa noche. ¿Qué pasaría si uno de estos sueños volviera?

No dejé el celular ni un instante, lo envolví con las manos esperando ansiosa que se escuchara nuevamente la música, aunque esta vez me propuse poner más atención. Si reconocía la melodía, después podría escucharla tranquilamente las veces que yo quisiera.

Mis ojos se cristalizaron y rodó hacia mi boca una lágrima perdida, tan salada, como el agua del mar. Mi mente revivió entonces el bello recuerdo de la primera vez que probé el agua de mar. Nunca sospeché siquiera su sabor...

Mi padre sostenía mi mano con firmeza, lo que me daba confianza. Poco a poco nos adentramos en la corriente tibia. Una ola mediana tapó mi rostro, logrando alborotarme el pelo, y enrojecer mis ojos. El recuerdo más presente, sin embargo, es el sabor salado del agua del mar. No era un sabor delicado, pero ante lo imponente del océano y la confianza que mi padre me daba el trago de agua, lo recuerdo con sabor a gloria.

Era como mi lágrima, el perfecto contraste entre lo imponente de la vida y el descubrimiento de que hay algo más allá de la cotidianidad, y ese algo, después de mucho tiempo de vivir en línea recta, hoy llegaba a sorprenderme, como mi propia lágrima, que me recordó aquel trago de agua de mar.

Con la lágrima llegaron también diversas emociones que querían explotar y que habían permanecido guardadas en lo más profundo de mi ser, en lo más hondo de mi propio mar.

Mañana, estaba segura, el día sería distinto a los tantos domingos que había pasado en esta ciudad.

No pasaron ni diez minutos para que mis ojos se cerraran y cayera en un profundo sueño.

CAPÍTULO 7

Un encuentro y más sueños

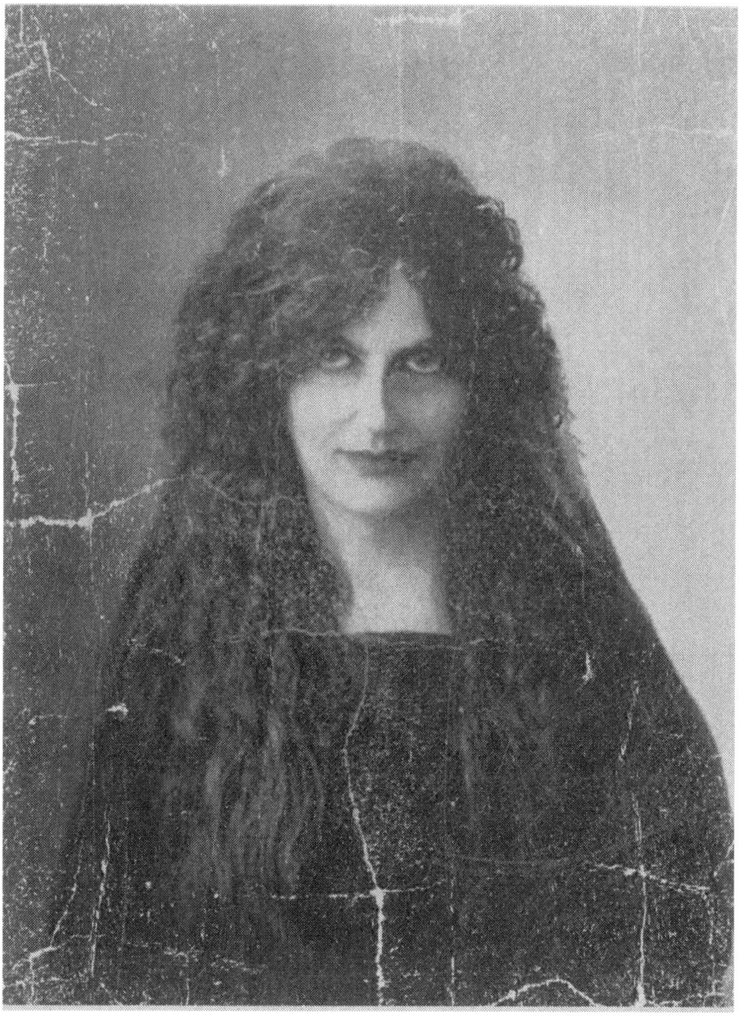

Domingo. Hacía tanto tiempo que no descansaba... Me asomé por la ventana y observé el tan conocido cielo, tan parecido al del día anterior, con un montón de espesas nubes vagando en su inmensidad.

Estaba hambrienta. Un plato de cereal con leche me caería de maravilla. "Día de relajación" lo que deseaba. Hoy no pensaría en mi investigación. Tomaría las cosas con más calma.

Más tarde, llamé a Luis y a Renata para invitarlos a comer. Quería estar con ellos.

Llegaron cerca de las 2 de la tarde y me sorprendieron con comida china, y en una caja adornada con flores de papel, un exquisito pastel de chocolate. Al instante vino Ignacio a mi mente, y con él su aberración al pastel. Sonreí con el recuerdo.

Nunca me había sentido así con Luis y Renata. Observé detenidamente cada una de sus acciones, sus gestos y ademanes, sus posturas y su forma de reír; escuché con detenimiento lo que decían, analizando cada tono de sus voces.

Disfruté cada minuto junto a ellos.

Me había acostumbrado a comer sola los domingos, pero hoy era distinto. Hoy me había dado cuenta de cosas que antes no veía, y si alguna vez las vi, nunca me había detenido a observarlas.

Me asombré de los buenos amigos que tenía enfrente. Reí locamente, como no lo había hecho desde tiempo atrás.

Decidí no tocar el tema de mis sueños, aun cuando en muchas ocasiones pasó por mi mente. Deseaba convivir con mis amigos más, dejar atrás mi absurda soberbia y enfocarme a sus alegrías y problemas.

Nunca me había atrevido a profundizar en sus sentimientos, pero, reflexioné, tampoco había dado pie a que ellos se abrieran conmigo.

Anochecía, y sin querer, el tema de mis sueños llegó. Renata tomó mi mano y al mismo tiempo dijo que sabía lo importante que eran para mí.

Le agradecí abrazándola y le dije:

—Todo llegará en su momento, Renata. Gracias por ser la amiga que eres.

—Gracias a ti, por venir a vivir a esta ciudad y haberte hecho mi amiga.

Nunca en mi vida me habían agradecido por venirme vivir a esta ciudad; jamás pensé que alguien me lo diría alguna vez, ni siquiera yo sabía si había hecho lo correcto. Pero por primera vez me di cuenta de que sí, de que había acertado.

Sí, porque encontré un gran trabajo y con él a dos maravillosos amigos que me apoyaron desde el primer momento. Sí, fue lo correcto porque hoy comienzo a entender mi vida.

Un día más voló, acabó mi domingo lleno de nuevas experiencias, o más bien hasta hoy les había dado valor, y siempre existieron en realidad. Descubrí a un par de amigos que han estado ahí siempre; me di cuenta de lo que valen para mí, de lo importante que ambos son en mi vida.

Esa noche me quedé dormida al instante: el cansancio emocional y la satisfacción que me invadían me derrotaron en paz.

Al día siguiente, lunes, al llegar a la oficina encontré sobre mi escritorio un reporte por no haber entregado a tiempo mi artículo semanal. En realidad, había estado muy distraída.

Eran las 9 de la mañana. Según decía la nota, debía haberlo entregado a las 7 de la mañana. ¡Estaba desconcertada!, siempre lo entregaba a las 9 en punto. Era el primer reporte que tenía desde mi ingreso a la revista. Más tarde me mandó llamar mi jefe, y molesto preguntó por el artículo:

—Debiste entregarlo a las 7 de la mañana: en eso quedamos el viernes.

—Señor, discúlpeme, pero usted no me dijo nada al respecto, pero aquí lo tengo.

Lo saqué de mi portafolio, y lo coloqué sobre su escritorio. Con la cara enfurecida, me pidió que regresara a mi lugar. Salí frustrada. Nunca en mis dos años de trabajo me habían regañado, y mucho menos por informal.

Me quedé sentada frente a mi escritorio haciendo memoria. No sé cómo pude olvidarme del horario de entrega. Pero más coraje me daba convencerme de que nunca lo escuché. Estaba segura de que jamás mencionó que el horario de entrega cambiaría.

Más tarde, de manera intempestiva, entró a mi oficina.

—Tu artículo es extraordinario. Es una lástima que no entre esta quincena, ya fue sustituido por uno de Elena, que por cierto también es muy bueno.

Elena Flores era una escritora de edad madura que llevaba muchos años en la empresa; tiempo atrás llegó a publicar alrededor de varios artículos en una misma edición; pero cuando yo entré a trabajar su cuota disminuyó a la mitad.

Desde que comencé a trabajar en la revista sentí el malestar de su parte; no soportaba la idea de que me dieran la oportunidad de escribir junto a ella. Imaginé su cara de satisfacción que seguramente le provocó saber que mi artículo no aparecería en esta edición...

Al día siguiente, yo misma debía entregar dos artículos muy importantes. Enfoqué mis pensamientos en ellos para concentrarme. Debía tenerlos listos muy a tiempo. Si era necesario llegaría a la oficina al amanecer.

Traté de escribir el primero. No estaba concentrada y tampoco sabía cómo empezar.

De repente mi mano se encontró con la pluma, y enlazadas como si bailaran, mano y pluma comenzaron a moverse rápidamente sobre el papel. Alcancé a escribir varias páginas en muy poco tiempo.

Al leer, descubrí que había escrito lo ocurrido en mis sueños.

Mi día feliz, y enseguida mi día desdichado, tal como lo había soñado, sin complicaciones: simplemente narrando lo ocurrido.

Estaba confundida, aquello seguía siendo una locura. Sin embargo, para mí era tan real como yo misma.

El sonido de mi celular interrumpió mis pensamientos. Nuevamente número desconocido. Lo primero que vino a mi mente fue la maravillosa música, quizá la escucharía una vez más. Pero no fue así. Era Rafael Cortés, el señor de la librería.

—Buenos días, señorita María. Soy Rafael Cortés, el dueño de la librería. ¿Me recuerda?

— ¡Claro que sí! ¿Qué tal, señor Cortés?

—Le hablo para decirle que hace apenas unas horas vino el señor Prado a su local. Pude verlo desde aquí, salí de inmediato y le hablé de usted y de su interés por rentarlo.

—¡Qué bien! ¿Y qué dijo?

—Me dejó su número telefónico para que usted se comunique con él.

No lo podía creer. Era tal mi emoción que el coraje del artículo pasó a segundo plano. Enseguida apunté el número.

A la hora de la comida me reuní con Luis en el comedor de la empresa, y le narré lo sucedido. Estaba tan emocionado como yo, y le pedí que me acompañara a la cita. Ambos fingiríamos estar muy interesados en comprar el local, y así obtendríamos la información necesaria. Y tal vez llegaría al fondo de todo, de una vez por todas.

De regreso a mi oficina marqué el número del señor Prado; contestó una voz femenina:

—Oficina del licenciado Prado.

—Muy buenas tardes, señorita, ¿me podría comunicar con el licenciado?

—¿De parte de quién?

—Soy María Valencia, es acerca de la venta de un local.

—Permítame tantito.

Pasaron unos cuantos segundos, y una voz masculina se hizo escuchar.

—Sí, ¿quién habla?

— ¡Qué tal, señor Prado. Soy María Valencia, tengo interés en su local del centro de la ciudad.

—¿Por qué le gustó? ¿Qué le interesa poner ahí, señorita?

—Un restaurante.

Fue lo primero que vino a la mente.

—Bien, señorita, debo decirle que en los años ochenta, y hasta finales de los noventa, ahí había un restaurante muy conocido y exitoso.
—Sí, señor, lo sabía.
—¿Qué le parece si nos vemos hoy a las 6 de la tarde ahí mismo?
—Me parece perfecto; ahí estaré, señor Prado, muchas gracias.

——— * ———

Seguí trabajando en mis artículos. Traté de concentrarme, pero no lo logré. No podía apartar de mi mente la cita.

Eran ya las 5:15, faltaba menos de una hora para el encuentro con el señor Prado. Los nervios invadían mi cuerpo por completo.

Recogí mis cosas y ordené mi oficina. Esta vez me cercioraría de que la entrega del día siguiente fuese a las 9:00 No me volvería a pasar lo del día anterior.

Cuando estaba por salir sonó mi teléfono. Luis no podía acompañarme. Iría sola, pues para mí, nada era más importante que acudir a esa cita.

Antes de abandonar el edificio me dirigí hacia la oficina de mi jefe. Me topé por el camino con Elena, que me observaba sarcásticamente y a la vez reía con ella misma, con la mirada hacia el techo.

Ahora estaba segura de que ella había tenido que ver con el desafortunado incidente de la mañana. Tal vez mi jefe me había mandado decir con ella el horario de entrega, y Elena simplemente no me lo dijo. Con alevosía y ventaja, con el fin de perjudicarme.

Elena era una mujer muy envidiosa y aunque yo no había tenido ningún contratiempo con ella, percibí siempre su negatividad con tan sólo pasar a su lado.

Mi jefe me confirmó la entrega de mañana, a las 9, como siempre. El día de hoy había sido una excepción. Había habido problemas en el área de impresión, lo que después Luis me confirmo, ya que esa era el área en la que él trabajaba.

Se acercaba la hora para la cita: faltaban sólo 20 minutos. Salí volando de la empresa, y tomé un taxi en la esquina.

Las piernas me temblaban y algo presionaba mi pecho sin control. Me carcomían los nervios.

Llegué faltando cinco minutos. El señor Prado todavía no estaba por ahí.

Esperé afuera del lugar. A la hora convenida apareció y educadamente me saludó presentándose.

Era un hombre mayor que rondaba los 60 y tantos años, y sin embargo su actitud y su garbo eran los de una persona jovial y de trato amable.

Comenzó por preguntar el porqué de mi interés en comprar una propiedad en el centro de la ciudad, y qué clase de restaurante quería poner. Mostraba especial preocupación por saber qué tipo de negocio abriría.

Intenté escucharme lo menos falsa posible, ya que eso de mentir no se me daba muy bien. Comenté que me gustaba la céntrica ubicación, que la calle me parecía muy bella y que sería el lugar perfecto para un restaurante de comida mexicana.

El señor Prado respondió:

—El mío fue un restaurante de comida internacional, pero incluimos comida mexicana entre los platillos principales. Fue un lugar muy visitado al que acudía gente importante: políticos, artistas escritores. Era un sitio para turistas y para la gente de la ciudad.

Al hablar, sus ojos se iluminaron y su pecho se levantaba orgulloso mientras recordaba aquella época de gloria. Contaba su historia con tal pasión, que no perdí detalle. Pasaron varios minutos mientras seguíamos hablando en la calle, hasta que llegó el momento esperado y entramos al local.

—Ahora, te mostraré el lugar.

—Muy bien, señor Prado.

Sacó de su bolsillo un llavero de metal con un escudo en forma de prisma; en él traía varias llaves, y con dos de ellas abrió el lugar.

Estaba ansiosa y nerviosa. Sentí una sensación muy extraña en el cuerpo y unos escalofríos intensos me invadieron repentinamente.

El lugar estaba helado, había un frío que calaba los huesos; pero me dio la impresión de que sólo yo lo sentía. El señor Prado no se inmutó; yo en cambio, de inmediato me llevé los brazos hacia los hombros, abrazándome para cobijarme.

No cabía duda alguna, era el mismo lugar de mis sueños. Ahora deshabitado. ¡No podía creerlo! El espejo estaba ahí, ante mí. Tal como lo había visto en mis sueños. Comenté lo hermoso que me parecía.

—Es muy antiguo, era de mi esposa. Se lo regaló su abuela cuando era niña y siempre lo conservó; ella quiso traerlo hasta aquí cuando abrimos el restaurante. Siempre pensó que nos traería buena suerte.

—Es muy bello, señor, ¿por qué sigue aquí y no se lo llevó con usted?

—Porque me trae muchos recuerdos y no quiero llevar recuerdos tristes a casa. Al morir ella, me mudé y me llevé conmigo muy pocas cosas. En ese momento estaba devastado.

No comprendí su decisión, pues por lo general los seres humanos nos aferramos a las cosas materiales. En un momento recordé lo que había mencionado el librero. La mujer del señor Prado había muerto. Ignoraba lo pasado.

Sin siquiera preguntar, el señor Prado siguió:

—Cerré el restaurante poco tiempo después de la muerte de mi mujer. Fue un lugar muy exitoso y concurrido hasta que ella murió. Después, todo el éxito acabó, estuvo aún cerca de tres meses abierto, pero no volvió a funcionar igual, por eso decidí cerrarlo. La comida siguió siendo buena y la atención también; pero no venía gente. Estoy convencido de que la presencia de mi mujer le impregnaba encanto y cierta atracción al lugar. Eso es lo que creo y no hay otra explicación. Ella siempre estuvo al pendiente del restaurante, pues le parecía tan importante como su propia casa. Con toda la gente que llegaba a comer se comportaba como la gran anfitriona que fue.

—No sé qué decir, señor. Tan sólo que lo siento mucho.

Con voz entrecortada continuó hablando:

—Mi mujer era un gran ser humano y muy caritativa. La gente se acercaba a ella a pedirle consejos o simplemente para sostener una buena plática. Fue una mujer muy inteligente y con un gran corazón: la amé hasta el último día de su vida y siempre supe que lo haría, desde el día que la conocí. Yo sabía que ella sería la única persona con la que compartiría mi vida… —dio un suspiro y tras una pequeña pausa prosiguió —no pude soportar su muerte. Por eso me alejé de todo lo que me recordaba a ella.

No quise preguntarle cómo había muerto, habría sido muy inoportuno de mi parte. Pero él siguió hablando:

—Ella murió aquí mismo.

En ese momento me quedé atónita; no supe qué decir.

Comenzó a mostrarme el lugar: la pequeña cocina, el bar y algunos servicios que aún funcionaban. Después nos dirigimos hasta el fondo del local y pude observar de cerca la pintura que había visto desde afuera del cristal la otra tarde.

El señor Pardo sacudió el polvo que la cubría con un trapo que tomó de la barra del antiguo bar y dijo:

—Ella es Marieta, mi esposa.

Lentamente giró la pintura hacia mí, y un súbito escalofrío recorrió todo mi cuerpo. Estaba completamente fría, no podía hablar. Sentí cómo un blanco pálido abarcaba mi rostro ¡Era la misma mujer que había intentado hablarme en mis sueños! ¡La mujer de cabellos negros que vestía de blanco! ¡No podía creer lo que estaba viendo!

Un mareo tambaleante me alcanzó. Escuché un eco que crecía a lo lejos, cada vez más y más.

—¿Te sientes bien, niña?

Traté de reponerme de inmediato.

—Sí, señor. En realidad, he estado un poco enferma; seguramente por eso me sentí un poco mareada.

¿Decirle la verdad? No por ahora.

De inmediato decidí salir del lugar. Ofrecí disculpas repetidamente, y prácticamente corrí hasta la puerta. Repentinamente volteé hacia el viejo espejo, y al reflejarme en él pude ver también que me acompañaba la imagen de Marieta con el pelo recogido y su largo vestido. El blanco volvió a mí, no sólo a mi cara, sino a todo mi cuerpo. Salí corriendo del lugar.

El señor Prado me siguió desconcertado hasta la puerta de salida.

—¿Está segura de que se encuentra bien? —me preguntó alarmado.

— Sí, sí, descuide, estoy bien —le dije.

— Entonces, ¿qué le ha parecido el lugar, le interesa? —siguió.

—Sí, señor Prado, es un lugar magnífico. Debo platicarlo con mi socio quien debe darle también el visto bueno. Después de todo, es decisión de ambos.

—Está bien, espero su llamada.

—Muchísimas gracias, señor, estaremos en contacto.

Caminé un poco, pero me di cuenta de que no tenía ganas de hacerlo, así que en la primera esquina tomé el primer taxi que pasó. Mi cuerpo aún temblaba estremecido. Estaba tan fría como una paleta de hielo.

Me sentía confundida. Era claro que la señora Marieta Prado era la mujer de mis sueños y quería comunicarme algo. ¿Por qué a mí? ¿Qué relación tenía yo con esa familia? En mi mente todo era confusión.

En ese momento deseé que todo aquello hubiera sido producto de mi imaginación, que al conocer al señor Prado y el viejo local descubriera que nada tenía que ver con mis sueños, y así, como lo dijo Luis, que sólo se tratara un sueño cualquiera, sin ninguna trascendencia.

Y sólo así yo hubiera seguido mi vida de siempre, aquella en la que tenía bien plantados los pies y dominaba el terreno. Pero no era así; y de pronto me vi envuelta en un laberinto de confusión, sin entrada ni salida.

Era tan real que daba miedo y ahora no sabía hacia dónde dirigirme.

Las 8:30 de la noche. Sonó mi celular. Era Luis, oportuno para platicar. Le conté todo lo que había sucedido en el local. Dejé de pronto de escuchar su voz. No supo qué decir.

———— ✠ ————

Esa noche quería soñar la respuesta; no podía estar pasando esto. Y sin embargo, era tan real que me asustaba. No tenía cabeza para nada más, vueltas y vueltas con lo mismo.

Era claro, mi vida cambiaba y yo había dejado atrás la vieja rutina. Me sentía diferente. Cada detalle vivido (dormida y despierta) ponía un grano de sal a mi vida. Tal vez tan salado como aquel trago de mar, pero éste también lo disfrutaba, aunque como aquel, iba mezclado de una sensación de impotencia también. Sin embargo, me volví a sentir viva, como aquella inolvidable ocasión en la playa.

Comprendí también que yo no sería más la mujer que iba de la casa al trabajo y del trabajo a la casa. Ni la que comía crepas todos los fines de semana; tampoco la única que había huido de su casa para alejarse de su pasado.

Yo era mucho más que eso. Y ahora ya podía llegar la esperada magia del abuelo Miguel.

En ese momento saboreé una chispa ¡de!... No sé, era una mezcla perfecta entre sal y azúcar, un poco de limón. Quizá agridulce, ¡eso, era agridulce!... Perfecta, una ensalada de emociones tan agradable a mi alma como a mi paladar.

CAPÍTULO 8

Problemas en Mística

De pronto me vi de nuevo. Ahora estaba en medio de un inmenso jardín.

En el fondo se asomaba una pequeña casa con tres puertas. Me acerqué cautelosa hasta llegar a ella. Con facilidad abrí la primera puerta del lado izquierdo. Entré y vi a mi madre, que lloraba amargamente abrazada de Ignacio, y a su lado estaba mi padre, con el ceño fruncido, molesto, mostrando frustración ante tal escena.

Me vi a mí misma detrás de una vieja cortina. Una lágrima me recorría el rostro. Dudosa de salir de entre las telas, sentí profundamente mi enorme tristeza.

Cerré la primera puerta, y precipitadamente me adentré en la segunda, ansiosa por saber lo que vería.

Estaba yo de nuevo, totalmente concentrada en mi trabajo. En un instante entró mi jefe mostrando una enorme sonrisa y con ella una lluvia de felicitaciones. Asentí repetidamente con la cabeza, agradeciéndole.

Miré el reloj, era la hora de salida. Me retiré.

Mostraba seriedad, y mi mirada carecía de luz.

Cerré la segunda puerta.

Estaba temerosa de abrir la tercera, despedía una energía muy fuerte. Ésta no era de madera natural y sencilla como las otras dos, tenía finos detalles labrados y una enorme cerradura de plata.

¿Cómo la abriría? Necesitaba la llave. Intenté empujarla. Pensé: "Tal vez se encuentre emparejada". Pero no, la puerta no abrió.

Miré a mi alrededor, quizá en aquel inmenso jardín estaba escondida la llave que abriría esa tercera puerta. Busqué sobre el pasto, escarbé entre las plantas y debajo de dos inmensos árboles. Tendría suerte y un metal brillaría frente a mí en cualquier instante. Pero no fue así.

Desperté ¡Qué angustia! De pronto vi cómo mi pasado me envolvía con aparente lentitud.

———— ✳ ————

Al día siguiente, me di un baño rápidamente antes de caminar hacia el trabajo. Eran ya las 8:30 de la mañana.

Me vestí y me arreglé con rapidez, bruscamente bebí un vaso de leche, del cual derramé cientos de chisguetes sobre mi ropa. Me cambié, y enseguida corrí hacia el trabajo. Eran ya las 9:02.

Primero caminé hasta la oficina de mi jefe para entregarle mis artículos. Apresurada recorrí los pasillos tropezando con mis propios pies, y al mismo tiempo peleaba con el broche de mi portafolio. Me urgía sacar mi fólder de trabajo. ¡Maldita sorpresa, no estaba!

—¡No puede ser! Debí haber dejado los artículos en la mesa del comedor.

Estaba en problemas. Tenía que encontrar una solución que me librara del lío tan tremendo que se aproximaba.

Llegue hasta mi oficina.

Me descubrí presa fácil. Elena me observaba. Se acercó lentamente, alegando con su voz aguardentosa no sé qué cosa.

— ¿Me puedes entregar tus artículos? El jefe me mandó por ellos. ¿Los traes?

Sabía perfectamente mi situación, me había estado acechando, y se aprovechaba de mí una vez más.

—No los traigo conmigo.

—No te preocupes, yo escribí dos artículos del tema que te tocaba. Entregaré los míos.

Una tormenta silenciosa invadió mi cuerpo, sentía el pecho a punto de explotar.

—No, Elena, voy a casa por ellos. Necesito entregarlos yo.

—Lo siento mucho, María. Son urgentes y el jefe los necesita ahora mismo.

Elena hizo bailar sarcásticamente un fólder frente a mí, al tiempo que tarareaba una tonta melodía.

—Aquí están los que necesitamos. Ya los escribí yo. No te preocupes.

Me deje caer en la silla, observando cómo la vieja salía felizmente de mi oficina. Hice el coraje más grande de mi vida.

Veinte minutos después llegó mi jefe para llamarme la atención. ¡Y de qué manera!

—Ya me contó Elena lo sucedido ¿Cómo es posible que volvieras a fallar? ¿Qué está pasando contigo, María? Te noto muy distraída. Si eras ejemplar, disciplinada, impecable en el trabajo y siempre entregabas tus escritos a tiempo. No sé si tengas algún problema, pero si es así, trata de resolverlo de inmediato, porque de esta manera no funcionas. Dale gracias a Elena de haber sido tan precavida y haber escrito tus artículos. Porque gracias a ella podremos salir a tiempo con ellos en la revista. Es la última, María, debes ser más cuidadosa y responsable.

—Sí, señor, lo siento mucho. No volverá a pasar.

Sentí un espantoso coraje. Acepté resignada mi culpa. En esta ocasión había sido por completo mía.

Tuve una falla como cualquiera otra persona hubiera tenido. Nadie en esta vida es perfecto; y eso yo lo sabía.

Encima de todo, debía agradecerle a la pesada de Elena porque si ella no hubiera traído los artículos, seguramente yo ya no estaría aquí. Allá ella y su mala intención, pues en su afán de perjudicarme, esta vez sin querer me había ayudado. Sin embargo, no dudaba que estuviera planeando otra mala jugada.

No regresé a casa después del trabajo, como acostumbraba. Llamé a Renata y a Luis para cenar en algún lugar.

Quedamos de vernos en un pequeño bar a una cuadra de mi departamento. Sentí una enorme necesidad de hablar con ellos; era urgente.

CAPÍTULO 9

El pasado regresa

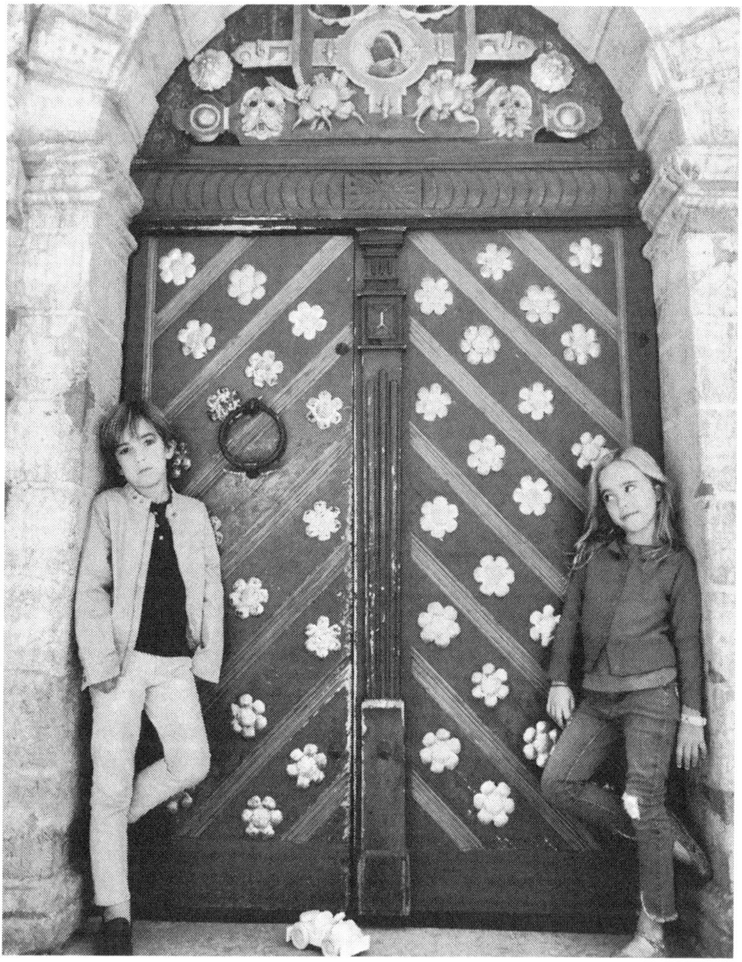

Llegamos al bar casi al mismo tiempo los tres. En cuanto pasamos a la mesa, ordenamos una botella de vino tinto, queso y embutidos. Como si las palabras se atropellaran en mi mente, lo primero que pude decirles fue:

—Se habrán dado cuenta de que nunca les he hablado de mí.

—Sí, María —respondió Luis con cara de asombro ante mis abruptas palabras —Renata y yo nos hemos preguntado por qué no has mencionado a tus padres ni a tu familia. Tampoco sabemos si has tenido algún novio… En fin, no sabemos casi nada de ti. Siempre traes a la plática tu trabajo, y sólo hablas de eso. Y sí, hemos querido preguntarte, saber más de ti, pero por no incomodarte, no nos atrevimos.

—Es cierto, María, me da la impresión de que hay algo de lo que no quieres hablar —remató Renata.

En ese instante, mis ojos se llenaron de lágrimas. Me incomodaba tanto hablar de mi pasado... pero sentí que podía confiar en ellos.

Si al llegar a esta ciudad hubiera podido compartir con alguien mi historia, tal vez mi estancia aquí habría sido distinta. ¿Habría sido más fácil? No lo sé, pero lo que sí sé es que nunca es tarde, y así fue cómo decidí que hablaría de mí.

Les hablé de mi familia, de mi hermano, del abuelo Miguel y su incomparable magia, de mis padres, y de mí misma. Del dolor que viví al perder a mi único amor: Nicolás. De cómo se había alejado de mi vida y lo que provocó esa pérdida en mi interior.

Ambos escucharon con atención mi plática y me agradecieron la confianza que les mostraba, y yo seguí hablando.

—¿Por qué te animaste a hablar de todo esto hoy? —preguntó Renata.

—En realidad han sido diversas circunstancias... —le contesté —estoy en un momento de reencuentro conmigo misma, al que me han llevado mis sueños que ya les conté. Todo este tiempo me había preocupado por mantener ocultos mis sentimientos; creí que desenterrarlos me causaría aún más daño. Pensé que al venir a México todo sería más fácil y olvidaría mi pasado. Es por eso por lo que nunca hablé de mí, ni de mi familia.

Y seguí diciendo:

"Llegué dispuesta a representar un papel perfecto en la empresa y a vivir alrededor de ello, ¿para qué más? Sí, eso, creí yo, era suficiente para llenar mis expectativas. Y eso es lo que he hecho desde que llegué a la gran ciudad. Pero al paso del tiempo me he dado cuenta de mi error, y que pretender enterrar el pasado es sólo eso: una pretensión".

Después seguí hablando de mi vida en provincia, del abuelo Miguel y la magia, del accidente de Ignacio, del cambio en la familia... En fin, que aquella tarde respiré tranquilidad: las dos personas más cercanas a mí en esta ciudad finalmente habían conocido la parte más profunda e importante de mi vida.

Al llegar a casa llamé a mis padres. Mamá me contestó y en su voz noté cierta angustia; me explicó que la noche anterior mi hermano había tenido una terrible crisis, pero al parecer la calma había vuelto por la mañana.

De inmediato relacioné este episodio con mi sueño de la noche anterior, y pude imaginar con todo detalle la escena: mi hermano molesto, insatisfecho, reprochándoles su desgracia, y mi madre llorando amargamente a sus pies, y mi padre sintiéndose igual que ella.

Después conversé un largo rato con papá. Ignacio no había tenido estas reacciones desde hacía varios meses.

Pedí hablar con Ignacio. Tardó unos minutos en contestar.

—Hola. ¿María, estas ahí?

—Aquí estoy, Ignacio, qué bueno escucharte.

—No me has hablado.

—Sí, lo sé, y te pido perdón, hermano. He estado muy ocupada, pero prometo no volver a dejar pasar tanto tiempo sin hablarte. ¿Cómo te has sentido, Ignacio? Mamá me dijo que no habías pasado bien la noche. ¿Por qué?, ¿qué está pasando?

—De repente revivo el accidente. Me da mucha tristeza recordar los años buenos. Extraño tanto los momentos contigo y el abuelo… Te extraño mucho, ¿tú estás bien?

—Sí. Con algunas nuevas experiencias que ya te contaré con calma cuando vaya para allá. No quiero que estés triste; recuerda lo que decía el abuelo. Cuánta razón tuvo en cada uno de los consejos que nos compartió. Acuérdate que no se ha ido, y que mientras sigamos pensando en él estará con nosotros en todo momento. Eres muy inteligente y capaz, Ignacio, tienes un gran corazón y muchas cosas que compartir. Quiero que te levantes hoy y les demuestres a papá y mamá lo fuerte que eres. Cuando necesites de alguien para que te escuche, sabes que siempre estaré aquí, aunque ya no viva en casa.

—Gracias, María, el simple hecho de oírte me hace sentir mejor.

Esa noche pensé mucho en mi familia y en mi hermano en particular; él me extrañaba tanto como yo a él, siempre habíamos sido muy unidos. Seguí pensando en todo ello. No quería que la culpa llegara a mí otra vez, pero desgraciadamente se instaló en mi mente un largo rato.

Repasé nuevamente el sueño de las puertas, ¿debía tomarlo en cuenta? En mis sueños habían aparecido distintos mensajes. El que ayer hubiera soñado con mi hermano en crisis tenía mucho más sentido de lo que imaginé. Realmente lo tuvo: fue real.

Me preparé un café con leche y prendí el televisor. No pude concentrarme en ningún programa. Mi mente giraba sin parar: mi familia, los sueños, los señores Prado, el restaurante, la pintura, el espejo, mis amigos…

Cada vez era todo más confuso. Con el frío de la noche llegó la soledad. Y con ella la melancolía.

Recordé a Nicolás, ¡cómo me hubiera gustado estar con él en este momento!

Reviví en mi mundo de recuerdos los maravillosos años a su lado.

Lo imaginé frente a mí, diciéndole lo mucho que lo extrañaba, que lo amaba, y que nunca había dejado de hacerlo. Lo echaba de menos tanto como el día en que se fue. ¿Qué habría sido de su vida y de aquel engaño silencioso del cual nunca habló?

A pesar de los años que han pasado todo está tan fresco en mi memoria como si hubiera sido ayer. ¿Y cómo no?, si Nicolás fue mi único amor. Tantas veces me pregunté el motivo de su huida… Se fue cuando más lo amaba, y cuando más lo necesitaba. Quizá se cansó de mis problemas, tal vez buscó un nuevo sueño y ese sueño no era a mi lado.

Lo único que sé es que no volví a saber de él jamás.

Mi mente se llenó de confusión, de preguntas sin respuesta. Sin embargo, no todo era confusión; por fin comenzaba a derrumbarse la enorme barrera que yo misma había construido, la que me permitía ser y mostrarme tal como en realidad soy. Algo despertaba en mí, hoy volvía a sentir. Me descubrí viviendo de nuevo.

Ya no enterraría más mis frustraciones, ni mis recuerdos del pasado; de ello dependía mi futuro y mi felicidad.

Una nube de pensamientos invadió el aire atrapado en mi recámara, mientras caía al sueño.

CAPÍTULO 10

Puerta Dorada

Entré de nuevo al inmenso jardín, y me vi rodeada de sus majestuosos árboles. A varios metros de mí estaba la casa de las tres puertas. Cuidadosa, caminé hacia la última, la que no había podido abrir en mi anterior sueño. De nuevo estaba cerrada.

Ansiosa comencé a buscar la llave en el jardín, arrancando yerbas, escarbando tierra, levantando piedras. ¡En algún lugar tenía que estar! Quizá si buscaba dentro de las puertas anteriores tendría suerte, pensé.

Me dirigí hasta la primera y la empujé con fuerza: ahora estaba cerrada, la segunda también. Las dos tenían un seguro puesto.

¡Tenía que ver lo que había tras de esa última puerta!

Desperté empapada en sudor; volteé a ver mi reloj: las manecillas marcaban las 4 de la mañana. Quería volver a dormir y seguir soñando, pero fue imposible. En mi intento por volver a conciliar el sueño sólo logré agitar mi mente, que permaneció despierta casi hasta el amanecer.

El despertador anunció las 7 de la mañana y me di un baño. Dentro de la regadera, alcancé a escuchar mi celular. Como pude, me enredé la toalla y caminé apresurada, dejando a mi paso grandes gotas de agua sobre la alfombra.

Contesté:

—¡Qué sorpresa!

Nuevamente era el señor Prado. Quería saber si ya había hablado con mi socio. Y por la tarde, según me dijo, iría nuevamente al local para que se llevaran algunas cosas. Quería ver si podíamos vernos ahí.

Le dije que sí, que ahí nos veríamos.

En esta ocasión Luis sí me acompañaría. Por la tarde salimos juntos en su auto hacia la cita.

El señor Prado nos esperaba afuera, y caminaba de un lado a otro con la mirada hacia el piso. De su rostro agachado salía una nube de humo, consecuencia del enorme puro que llevaba en la mano izquierda.

—Buenas tardes, señor Prado, le presento al señor Luis Torres, mi socio.

—Buenas tardes, María. Joven, tanto gusto.

—Muy buenas tardes, señor Prado.

—Enseguida apago el puro para que podamos entrar.

—Amplios espacios, una cocina vieja, pero aún funcional —dijo el señor Prado, que en su perfecto papel de vendedor iba describiendo apasionado cada rincón del lugar.

Mientras, Luis y yo nos veíamos continuamente un tanto nerviosos. Le señalé la pintura al pasar frente a ella, y logré murmurarle al oído:

—Es la mujer que aparece en mis sueños.

Nuevamente sentí la energía del lugar, pero esta vez era diferente. No me provocó mareo alguno.

En ese momento entraron los hombres que venían a llevarse algunas cosas, al parecer todavía útiles. Uno de ellos se acercó al señor Prado y le preguntó si eso era todo. Por un instante el hombre dudó, pero finalmente señaló la pintura y con voz alta indicó:

—Llévensela también.

Le lancé una mirada de asombro a Luis. ¡Cómo era posible que se deshiciera de la pintura de su esposa!

El hombre salió con la pintura en mano, y desde el ventanal alcancé a observar que la subía con especial cuidado a su camioneta, estacionada unos metros adelante.

Luis fingía estar interesado en el local y comentaba con entusiasmo cómo decoraría el restaurante. Bromeaba una y otra vez con el señor Prado, intentando simpatizar.

Y mientras ellos hablaban de condiciones y precios, yo no podía apartar la vista de la pintura de la señora de mis sueños. Debía quedarme con ella a como diera lugar.

Antes de irnos le dijimos al señor Prado que al día siguiente le hablaríamos para darle una respuesta definitiva.

Él aceptó y nos despedimos.

Al salir, me apresuré hacia la camioneta del hombre que tenía la pintura. Miré hacia atrás para cerciorarme de que el señor Prado no estuviera a la vista.

Me acerqué a los hombres y dije:

—Disculpe, esta pintura que dio el señor Prado me gustaría llevármela.

—¿Es usted algo del señor Prado?

—En realidad, no, pero la pintura está en muy buenas condiciones, y me gustaría conservarla.

—Pues yo también tengo interés en quedarme con ella. Quiero ponerla en mi comedor.

Comenzaba a complicarse, el hombre quería la pintura también y no sabía qué más decirle para que cediera.

En ese momento Luis me miró e hizo una señal con las manos hacia arriba de "foco prendido", y enseguida intervino:

—Con sinceridad le digo, como que una pintura de una mujer no va mucho en un comedor. ¿Qué le parece si nos vende este cuadro y usted compra otro? Tal vez salga ganando.

—¿Y cuánto me da por él?

Luis sacó un fajo de billetes de 100, y al hombre se le iluminó la cara. Bastó con eso para que el hombre rápidamente aceptara el trueque. Finalmente, para él aquel sólo era un viejo cuadro polvoso.

———✢———

¡Por fin tenía la pintura en mis manos! Al llegar a casa, la recargué contra la pared de mi cuarto y durante mucho rato la observé detenidamente. Una nueva energía recorría mi cuerpo.

A la mañana siguiente al despertar, lo primero que vi fue la pintura delante de mí.

La mujer me parecía tan familiar... parecía como si intentara hablarme.

Me vestí, me peiné y me maquillé, y al mismo tiempo seguía observando la pintura; no podía dejar de verla.

Parecía increíble que tan sólo unos días antes hubiera yo soñado con esa mujer, que jamás en mi vida había visto, y de la que hoy seguía sin saber demasiado. Entre otras cosas, que su nombre era Marieta y que había estado casada con el señor Prado. ¡Y, sin embargo, todo seguía siendo tan extraño!

Llegué pensativa hasta mi oficina. No quería que esta vez mis pensamientos estropearan mis horas de trabajo; tampoco deseaba más enfrentamientos con mi jefe.

Traté de concentrarme lo mejor posible en mis deberes, dejaría a un lado el tema de Marieta y todo lo que había estado sucediendo.

Luis llegó a mi oficina un tanto exaltado.

—María, tenemos que hablarle al señor Prado para decirle que no nos quedaremos con el lugar.

—Está bien, le hablaremos; pero si le decimos que no lo queremos, ¿qué haremos para volverlo a ver y llegar al fondo de todo?

—Ya se nos ocurrirá algo; pero por lo pronto debemos decirle que no nos interesa. No lo podemos dejar que siga creyendo lo contrario.

Luis tomó el teléfono de mi oficina y le marcó al señor Prado, comentándole que no nos quedaríamos con el local.

Pero, al parecer, el otro cliente no había vuelto a llamar.

¿Por qué se había deshecho de la pintura de su esposa? De un ser tan amado, como decía que había sido ella para él.

Luis salió de mi oficina. Y yo volví a repasar cada hecho.

Esa tarde mi jefe mandó un correo a todos los colaboradores de la revista, para recordarnos que el sábado por la noche sería el brindis por los veinte años de la revista. El festejo tendría lugar en un salón de una antigua casona del centro.

Después me llamó y me preguntó:

—¿Crees que de aquí al jueves podrías escribir un discurso basado en la historia de nuestra revista: sus inicios y trayectoria? Confío en ti por tu sensibilidad y tu excelente redacción.

Mis ojos se iluminaron con orgullo, no podía contener mi felicidad.

—Cuente con ello, señor.

—Necesito verlo terminado el jueves por la mañana. Sabes que puedes echar mano de los archivos y cualquier duda la puedes consultar conmigo, o con Elena que trabaja con nosotros prácticamente desde que comenzó la revista.

—Sí, señor, agradezco que confíe en mí nuevamente.

Sinceramente no entendía el cambio de parecer del jefe, si hacía sólo unos días me había llamado la atención por desempeñar mal mi trabajo. Sin embargo, me sentía muy conmovida y agradecida porque me había tomado en cuenta, para mí eso resultó ser algo tan significativo...

Ahora menos que nunca podía dejar que nada me distrajera. Haría todo a un lado por el momento. Me enfocaría totalmente a preparar el discurso del sábado. Tenía tres días para terminarlo. Era lunes.

Volví a casa, caminé despacio hasta mi cuarto, como esperando sorprender o ser sorprendida. Marieta seguía ahí, recargada sobre la pared... Tan confusa y quieta.

No podía dejar ahora que eso me distrajera, así que bebí un vaso de leche, y con una dona de chocolate en la mano tomé un cuaderno y mi pluma, abrí el fólder que contenía la información que había sacado del archivo, y comencé a trabajar.

Después de varias horas de escribir me sentí cansada. Miré mi reloj, eran ya las 10 de la noche.

Me levanté de la mesa, y me dirigí a mi cuarto. Sentada a la orilla de la cama, volteé para ver nuevamente a la extraña mujer de pelo negro… La miré fijamente:

—Tienes algo que decirme, ¿por qué no hablas de una vez? ¿Por qué no me dices lo que quieres?

Le pedí también que apareciera en mis sueños de nuevo, y me dijera qué era lo que quería.

Tomé la pintura y la recargué encima de mi tocador para verla completa desde mi cama. Todavía no decidía dónde colgarla.

Me puse el pijama y me recosté, la analicé paso a paso; la mirada de Marieta definitivamente me inquietaba.

—Marieta, dame una señal.

——— ✠ ———

Al aclarar del alba inició mi día. Salí de casa cuando faltaba poco más de una hora para entrar al trabajo. La calle estaba desierta, sin ruido, y caminé relajada sobre la acera.

Había una cafetería abierta y entré a comprar un café antes de seguir.

El lugar era lindo, con un enorme tapiz floreado, mesas con mantelitos a cuadros, y en el ambiente flotaba una bella melodía, que me cautivó al instante. Paralizada con el café en mano comencé a poner atención a la música ¡No lo podía creer, era la misma melodía de las llamadas que he recibido en días pasados!

Sonriente me acerqué al dependiente:

—Oiga, joven, ¿conoce usted esta música?

— Es el radio, señorita.

Sólo pude averiguar el nombre de la estación y la secuencia de sintonía.

Salí feliz y seguí caminando hacia la oficina.

En la mano izquierda llevaba mi portafolio y en la derecha, mi humeante café. Subí las escaleras del edificio, al ritmo de la melodía que tarareaba. De repente, un mal paso me hizo tropezar contra un joven que iba subiendo delante de mí, y al tropezar le derramé encima el café, completito. Para mi desgracia, no era un joven cualquiera. Era David Robles, hijo de Rafael Robles, dueño y director actual de la revista.

Giró la cara hacia mí, y muy molesto me miró y dijo:

—Debes tener más cuidado, mira nada más cómo me has puesto.

Moría de pena, me intimidó de tal forma que sentí que me desmayaría. Sacó un pañuelo que llevaba en su finísimo saco y medio se secó; de mi boca sólo salían repetidas disculpas. Se retiró muy molesto.

"¡Qué guapo es!" pensé. Me ardía la cara de vergüenza.

El pelo negro, quebrado, piel blanca, ojos marrones, sombreados. Era un hombre muy interesante y varonil…

Era la segunda vez que lo veía en mi vida. Recién ingresada a la revista me lo topé en uno de los pasillos en donde cruzamos miradas. En ese tiempo él no trabajaba aquí. Estaba estudiando en Francia, pero al parecer, ya estaba de regreso en México.

Luis me lo confirmó: David Robles había regresado para quedarse. En adelante sería el nuevo jefe del área de impresión; por consiguiente, el nuevo jefe de Luis.

—No sabes qué antipático es; llegó con pose de líder insoportable.

—¿Qué querías, Luis? Es el heredero de la revista, su actitud es justificable.

—Sólo pensar que será mi nuevo jefe, hace que se me revuelva el estómago.

Yo no pensaba así, estaba encantada de tenerlo aquí... ¡era tan guapo!

¡Qué genial mañana! Primero escuchar de nuevo esa bella música, para luego tropezar con un hombre como él... aun cuando le había echado encima el café.

Por primera vez le sonreí a Elena, quien por toda respuesta frunció el ceño y me miró confundida; después esquivó la mirada sin decir una sola palabra.

Entré a mi oficina y abrí las persianas; me dejé caer sobre el sillón, reacomodándome. Saqué de mi portafolio el escrito de *Mística* y me concentré por completo en él. Después de un par de horas, ¡por fin lo había terminado!

Ahora sólo debía volverlo a leer y revisar que no tuviera errores.

Pensé hacerlo por la noche, ya relajada y en mi casa.

Salí a la cafetería. A unas cuantas mesas de Luis estaba David Robles sentado.

Escuché la voz de Luis, quien me hizo señas con la mano para que fuera a su mesa.

— ¡María, aquí estoy!

Con toda intención comencé a disimular, como si no lo viera. Me sentía avergonzada por el accidente del café. Sin embargo, Luis seguía insistiendo, gritaba mi nombre en voz alta. Con tal escándalo, no tuve más remedio que acercarme.

—¿Qué pasó, María? ¿Que no me veías?

Al pasar cerca, pude ver que David no dejaba de observarme, y al mismo tiempo sonreía, haciendo un dizque discreto ruido, llamado risita. Yo era un rojo jitomate y, con toda seguridad, eso le estaba divirtiendo.

Me senté a la mesa e hice señas al mesero para que se acercara. Estaba muy nerviosa, el joven Robles no dejaba de verme.

Casi no hablé; la presencia de ese hombre me intimidaba. En cuanto terminé de comer, me levanté de la mesa con el pretexto de que tenía trabajo pendiente, aunque la realidad era que me sentía muy incómoda con David tan cerca.

¡Qué hombre más brillante y qué sonrisa más linda! Después de tantos años, volvía a cautivarme un hombre;

desde Nicolás no había vuelto a vivir una experiencia así. ¡Estaba feliz!

Mi madre me llamó esa noche y hablamos largo rato, cosa que antes no sucedía. Mis llamadas solían ser cortas y casi siempre con mi padre, pero en esta ocasión algo dentro de mí me acercó a ella. Hablamos del trabajo, del aniversario de la revista, de David Robles, entre otras cosas.

No toqué el tema de mis sueños. Mi madre no creía en eso, y sabía que me tiraría a loca.

Sin embargo, aquella fue una plática de madre a hija, como hacía mucho tiempo no la tenía.

Me contó que en casa todo iba mejorando: el negocio de mi padre cada vez iba mejor; mi hermano Ignacio seguía trabajando con él en la mueblería. Y como llevaba todo a la perfección, papá disponía de más tiempo libre para estar con ella.

La abuela había estado un poco delicada de salud, pero nada alarmante. Solía comer tres veces a la semana con ellos.

También me platicó que le estaban haciendo unos cambios a la casa: el cuarto de Ignacio ya estaba en el piso de abajo, y habían ampliado la terraza que daba al jardín.

Cambiaron algunos muebles de la sala, y estrenaban cocina, cosa que la llenaba de ilusión. Amaba cocinar. La sentí mucho más tranquila y relajada que la última vez que habíamos hablado.

Mi día había sido maravilloso: me invadían muchas emociones, todas ellas deliciosas.

¿Qué podía decir hoy? Dios me había dado una lección, ya no evadiría más mis emociones por miedo a salir lastimada.

———— ✼ ————

Tomé un vaso de leche y repasé el discurso recostada sobre la cama. Lo leí varias veces y le hice algunas modificaciones; estaba listo para entregarlo al día siguiente a mi jefe.

CAPÍTULO 11

Exitoso aniversario

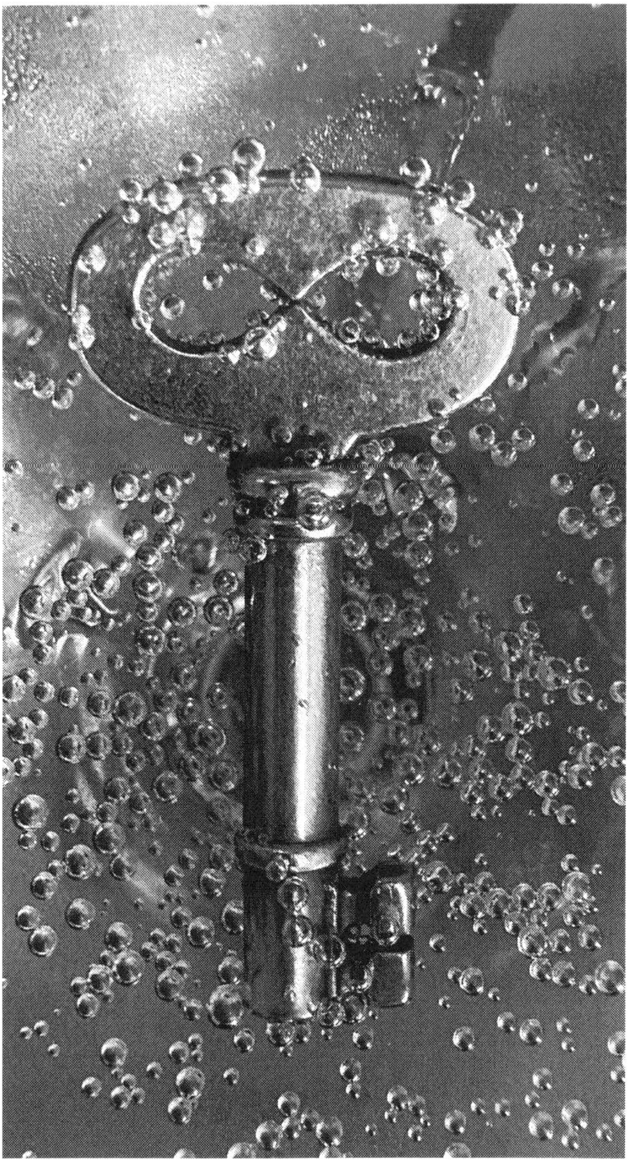

El sábado por la mañana, muy temprano, desperté un poco ansiosa. Pasé el día en casa arreglando un poco, leyendo, viendo la televisión, pero no podía concentrarme demasiado en nada.

Por fin había llegado el día de la fiesta de aniversario, y mi jefe leería el discurso que yo había escrito; me sentía emocionada y a la vez nerviosa, comí y desayuné muy poco. Las emociones revoloteaban en mi estómago, no había espacio para nada más.

Eran las 7 de la noche cuando llamaron a la puerta. Eran Renata y Luis, que estaban tan emocionados como yo, decían sentirse orgullosos de mí. Y eso me fortalecía enormemente. Salimos juntos hacia el evento que daría comienzo a las 8:30 de la noche.

El esperado momento había llegado: el vigésimo aniversario de *Mística*. En el salón me acerqué a mi jefe, quien tomó mi hombro y dijo estar satisfecho del discurso que había escrito. Dándome ánimos, agregó:

—Todo saldrá muy bien, trata de relajarte porque quiero que lo leas tú misma.

Sentí que me moría, pero no me pude negar. ¿Cómo decirle que no?

La gente comenzó a llegar; y 20 minutos después, el sitio estaba ya abarrotado.

Las manos no me dejaban de sudar. Cuando en instantes la esperada y aterradora señal llegó, era mi turno de entrar al escenario. Caminé con pasos cortos y tambaleantes. Plantada en aquella escena, me vi por fin.

Saludé al público y agradecí enormemente a la empresa por darme la oportunidad de vivir ese momento y por el conocimiento adquirido en todo el tiempo de trabajo; esto no estaba en el discurso, sin embargo, no pude controlar la emoción dentro de mí y así, sin más, lo dije.

Incorporándome con creciente seguridad comencé a leer lo que había escrito; hablaba pausada y concentrada.

De pronto mis ojos comenzaron a nublarse, y en un instante me salí de mi realidad: de nuevo me vi en el inmenso jardín de mis sueños hablándole al aire, a los árboles y a las flores, narrando la historia de mi vida, y recordando cada una de mis alegrías y dificultades. Con palabras, les hablaba a los ángeles que llenaban de energía aquel jardín.

Volví a ver las tres puertas muy lejos de mí, pero abiertas de par en par. Al casi lograr enfocarlas me pude dar cuenta de que eran tan sólo tres austeras puertas de salida, y que estaban en el salón en el que, en ese momento, recordé que me encontraba.

El jardín se desvaneció, los árboles y las flores de pronto se transformaron en el público que me miraba y el sonido de los aplausos me plantó de nuevo en mi realidad.

En primera fila, mi jefe aplaudía y en su boca se dibujaba una enorme y sincera sonrisa. También estaban ahí Luis y Renata, apoyándome como siempre.

Recorrí los asientos y me topé con los ojos de David Robles, que me miraba fijamente. A su lado había otro hombre de sombrero negro, que yo no conocía; su amplio sombrero le hacía sombra al rostro.

¡Aplaudía con gran fuerza! Semblante desgarbado y delgado, llamó mi atención por encima de todo que no hubiera tenido la cortesía de quitarse el sombrero.

Pero, ¿cómo pensar en eso cuando yo me sentía profundamente orgullosa por pertenecer a la revista más importante de México?, ¿por compartir mi tiempo con personas como mi jefe, quien después de todo había creído en mí, y me tomó en cuenta para escribir y leer este importantísimo discurso?

Después habló David Robles, en representación de su padre. Pronunció emotivas palabras, y al final agradeció a cada uno de los miembros de la empresa y a sus fieles lectores por su lealtad y preferencia.

Acto seguido, una exquisita cena fue servida en un salón contiguo al que nos invitaron a pasar.

Ahí volví a encontrarme con mis compañeros y mis jefes; mi sorpresa fue que me tocó compartir mesa ¡nada menos que con David Robles!, lo que me llenó de ilusión.

También estaban mi jefe, Renata y Luis, y otros directivos.

—Estuviste magnífica, María. Sabía que podía confiar en ti.

—Gracias, señor Aguilar, estoy muy agradecida con usted.

—Diste con la persona indicada, Rodolfo, a pesar de que derrama los cafés sobre ropas ajenas.

Una vez más David Robles logró sonrojarme.

—Sé que hago bien mi trabajo, pero no tan bien como derramo cafés. Eso se me da mucho mejor.

Todos en la mesa rieron.

Recordé de pronto al hombre del sombrero que había estado al lado de David. Ya no estaba. Me pareció extraño tanto que no se hubiera quitado el sombrero, así como que de la nada ya no estuviera ahí.

La cena llegó, y yo logré disfrutar de aquella noche como hacía mucho que no me ocurría.

———— ‡ ————

El lunes al llegar al trabajo, recibí la primera visita de David en mi oficina. En verdad me sorprendió con una invitación a comer.

—¡Es un lugar delicioso, te va a encantar!

Acepté gustosa. David realmente me fascinaba. Era mi primera salida con él, y su personalidad me tenía atrapada. Era un hombre carismático, simpático y con un amplio sentido del humor; aquel fue el inicio de muchas salidas más.

Después, dejé de pensar en los hechos misteriosos que habían estado sucediendo semanas atrás. Esta nueva ilusión envolvía absolutamente todo.

Por lo pronto me sentía bien, aunque quizá más tarde volvería a mi investigación.

Tomé un clavo y un martillo de mi pequeña bodega y colgué el cuadro de Marieta al lado del tocador de mi cuarto. Y aunque no quería pensar demasiado en ello, la extraña energía seguía ahí, impregnando la habitación.

Minutos después llegó David, y con él, un enorme ramo de rosas color rosa pálido; hacía tanto tiempo que no recibía flores. La sala de inmediato se perfumó del delicado aroma. Traía también una película. Al verlo llegar, supe que aquella sería una tarde relajada.

Me sentía tan bien teniéndolo a mi lado, contemplando sus grandes y expresivos ojos. Su sonrisa perfecta que me hacía suspirar...

Me abrazó, y después repasó mi rostro con sus manos; besó mi frente con ternura y yo pude apreciar su delicioso olor.

Palomitas, refrescos, una buena película y un cómodo sillón. Sería suficiente para una tarde perfecta.

Me recargué en su hombro, mientras él cariñosamente acariciaba mi brazo. Pasaron algunos minutos, cuando, ya avanzada la película, quitó toscamente el brazo, y parándose ofuscado dijo:

—Y esta pintura, ¿por qué la tienes ahí?

Me pareció realmente extraño su comportamiento.

—Sólo me gustó y la puse ahí.

—¿Quién es?

—No es nadie en especial, me la regalaron.

—¿Qué? ¿Conoces a esa mujer, David?

—No, no, en lo absoluto, sólo me llamó la atención la pintura: se ve muy antigua.

—Sí, lo sé, pero podría ser mi madre o mi abuela. Yo no le veo nada de raro.

David había reaccionado de manera muy extraña; en ese momento sentí que la conocía, y seguramente él también pensaba lo mismo de mí.

—No tiene importancia, María. Sigamos viendo la película.

Después de un largo silencio, dijo:

— ¿Sabes? Me encanta estar contigo, eres increíble.

Lo miré y sonreímos al mismo tiempo, volvió a acomodar su brazo alrededor de mi espalda, mientras yo me recostaba de nuevo sobre su hombro. Sólo deseaba que ese momento no terminara jamás.

Descubrí a David en repetidas ocasiones volteando a ver la pintura de Marieta. ¿Por qué le llamaba tanto la atención?

Cuando terminó la película, lo tomé de la mano y lo llevé hasta el comedor. Una vez ahí, puse a la mesa la cena que le había cocinado.

—Te preparé una pasta con queso y espinacas, y un lomo en salsa de ciruela. Ojalá te guste.

—No te hubieras molestado, pequeña, te iba a llevar a cenar. No me imaginé esta sorpresa.

Se acercó a mí y me abrazó.

Cuando terminamos, saqué el flan de cajeta, hecho con la deliciosa receta de mi madre. Al tiempo que lo colocaba sobre la mesa, recordaba los entrañables momentos con mi hermano en sus cumpleaños.

— ¡Qué delicia! Todo estuvo exquisito, y este flan es el mejor postre que he comido en mi vida.

—Estoy segura de que así es; es el mejor postre de todo el mundo, receta de mi madre, de niña lo comí tantas veces… Seguramente me faltan algunos escalones para que quede como el de mi mamá, pero no estoy muy lejos de hacerlo como ella.

Antes de irse, David me dio un dulce beso en la boca, y después susurró en mi oído lo maravilloso que la había pasado. ¡Me sentí tan feliz!

Prendí la tele y me metí entre las cobijas, tapándome hasta el cuello y con una inmensa sonrisa en los labios que me era imposible borrar.

Apagué la luz, y el tenue brillo de la pantalla alcanzaba a reflejar el rostro de Marieta. Un montón de pensamientos me invadieron. Tenía que averiguar ese misterio que parecía agrandarse cada vez más.

Sin quitarle la mirada ni un instante me perdí, y caí en un profundo sueño.

———— ✣ ————

Estaba nuevamente en el jardín, en el amplio jardín sombreado de árboles y flores de colores. Respiré profundamente recostándome y mirando al cielo; estaba tan limpio, tan azul… Y en su espacio abierto, cientos de gaviotas volaban sin parar.

¡Aquel sitio era mágico! Giré la cabeza sobre el pasto, y al fondo alcancé a ver las tres puertas; en ese instante me levanté y tranquila me dirigí hacia ellas.

Cuidadosa abrí la primera: estaban ahí mamá, papá y mi hermano, sentados a la mesa; sonreían y hablaban plácidamente. Cuando me vieron, me invitaron a sentarme con ellos. Negué con la cabeza diciéndoles que llevaba un poco de prisa y debía ir hasta la última puerta.

Los tres se voltearon a ver un tanto preocupados; Ignacio giró su silla de ruedas hasta un esquinero del comedor y de una cajita sacó una pequeña llave plateada que puso sobre mi mano.

Le agradecí y salí del lugar. Pensé en no entrar a la segunda puerta y llegar directamente a la tercera, pero no lo hice.

Abrí la segunda puerta: sentados en mi oficina, Luis y yo estábamos hojeando un ejemplar de la revista y comentando. Sonreímos satisfechos.

Yo misma me invité a entrar, mientras Luis le señalaba a la otra María, a mi otro yo, un pequeño cajón del escritorio del cual sacó una llave dorada con cristal y la depositó en mi mano. Mientras salía, me daba las gracias a mí misma.

Tenía dos llaves en mi poder. Hoy sabría al fin qué había tras la tercera puerta; llegué hasta ahí, la más bella de las tres puertas, pero a la vez la más complicada.

Tomé primero la llave plateada que me había entregado Ignacio, y con la mano tambaleante después de varios intentos, logré introducirla; giré de un lado al otro pero no abrió.

Tomé la llave dorada que yo misma me había entregado. Giré de un lado a otro, ¡sorpresa! ¡Sí! ¡Esta era la llave que abría la tercera puerta! Cautelosa asomé el rostro, y al fondo de aquel cuarto vi a una persona sentada de espaldas, en una sencilla silla de madera. No había nada más alrededor. La persona no hacía ruido ni movimientos, sólo alcancé a escuchar su respiración pausada; estaba nerviosa e indecisa de abrir por completo la puerta.

En un instante alguien me sorprendió empujando la puerta en mi contra; sólo alcancé a ver una mano arrugada con sobresalientes venas azules que intentaba con toda fuerza cerrarla. Al final lo consiguió.

Guardé las llaves en mi pantalón y corrí hasta al final del jardín.

Desperté sofocada. Otra vez ese sueño, pero esta vez sí había logrado abrir la tercera puerta, aunque no entendí lo que ocurría adentro: ¿quién era la persona de espaldas? ¿Y quién había empujado la puerta impidiéndome entrar?

Ahora más que nunca debía seguir indagando, había ya demasiada confusión. No pude volverme a dormir.

Ansiosa esperé a que saliera el sol, sólo quería comenzar el día. La cabeza me estallaba.

Intenté relajarme y pensar en mi realidad. David había llegado a mi vida, y había despertado en mí sentimientos que creía perdidos.

Se acercaba la hora del trabajo; me alisté. Esta vez llegué más temprano que de costumbre y las oficinas estaban vacías. Caminé sin prisa por el pasillo, observando a mi alrededor cada oficina y cada cubículo; bajé al área de impresión y llegué hasta la oficina de David.

Había un cristal por el cual pude ver al interior. Pegué mi rostro al vidrio y fui recorriendo con la mirada todo; se veía muy ordenado: unos fólderes perfectamente acomodados por colores sobre el escritorio, un cortapapel, algunas plumas, un portarretratos con fotos de personas que no conocía... En una de las paredes había una pintura al óleo. Era la luna reflejada en un hermoso lago; espectacular. La enmarcaba un cuadro de aluminio plateado muy bonito.

De repente escuché pasos. Despegué el rostro del cristal y volteé hacia el pasillo. Comenzaba a llegar gente, y me miraban confundidos. Apresuré el paso hacia mi oficina.

Saqué algunos pendientes, mis compañeros llegaban... El ruido de las voces en los pasillos aturdía mi cabeza; las pocas horas de sueño que había logrado conciliar la noche anterior, me hacían sentir muy cansada. Mis ojos se cerraban y escuchaba el ruido cada vez más y más lejos, hasta perderme...

Alguien me llamaba con insistencia. Tocaban a mi puerta, escuchaba golpes que se hacían más y más fuertes; de repente un rechinido agudizó mi oído y algo sacudió mi cuerpo...

No era algo; era alguien: Luis sacudía mi brazo con fuerza para que despertara.

—Despierta, María, ¡despierta!

Abrí los ojos, sobresaltada brinqué de mi sillón.

— ¿Qué pasa?

—Te quedaste dormida. ¿Te desvelaste mucho?

—No. Lo que pasa es que desperté en la madrugada después de uno de mis sueños, y ya no pude dormir de nuevo.

—Menos mal que tu jefe no entró, porque hace unos minutos lo vi merodeando por aquí afuera.

— ¡Qué barbaridad! Si se hubiera dado cuenta, no quiero imaginar cómo me hubiera ido.

—Vine a verte porque me mandó David a decirte que te espera en la cafetería de la esquina a las 2:30; que necesita hablar contigo.

Luis salió de mi oficina, y una vez más le agradecí que me hubiera despertado. De no haberlo hecho, tal vez a esta hora estaría despedida. Pero sobre todo le agradecí que hubiera venido a darme la mejor noticia del día. Ahora lo que más deseaba era estar con David.

Temí volverme a quedar dormida, por lo que me preparé un café bien cargado y lo bebí de golpe.

Llegó la hora de la comida y de ver a David. Tomé mi bolsa y fui a su encuentro.

Ahí estaba, sentado en una mesa, con la mirada perdida hacia algún rincón de la calle; se veía pensativo... y tan guapo a la vez.

Me acerqué a él y lo tomé del hombro; volteó hacia mí, compartiéndome una sonrisa.

—Te estaba esperando.

—Me dijo Luis que querías hablar conmigo, ¿ocurre algo?

—No exactamente, María, ¿por qué no te sientas?

Lo noté extraño, preocupado. Por un instante su rostro me recordó a Nicolás en el momento en que terminó conmigo; temí que su propósito fuera el mismo.

—Te cité aquí porque estuve pensando toda la noche en ti, y al mismo tiempo me di cuenta de que sé tan poco de tu vida...

Era muy extraño que quisiera saber de mí con tanta urgencia; pero si eso era lo que deseaba, con gusto le hablaría de mí, así que le dije que me preguntara lo que quisiera.

Comenzó por cuestionarme sobre mi vida y cómo me había sentido al llegar a México, qué era lo que más añoraba y lo que más me hacía feliz, cuáles eran mis recuerdos más profundos y mis miedos; qué buscaba en la vida y cómo pensaba realizar mis sueños. El interrogatorio terminó con la pregunta del amor: cuántos amores había tenido y si alguna vez me había enamorado.

Sin dudarlo contesté a todo, quería empaparlo de mi historia, y más aún si él me lo pedía. Se fueron largas horas en la plática.

Debíamos volver ambos a la oficina y así lo hicimos.

En un momento sentí miedo de que mi relato lo hubiera asustado y decidiera alejarse de mí.

No debía pensar más en eso, ni hacerme más daño con esas ideas. Más bien, debía enfocarme en los pendientes que tenía.

Al entrar a mi oficina me encontré con la noticia de que las vacaciones que había pedido comenzaban el siguiente lunes.

Tenía, pues, dos largas semanas para visitar a mi familia.

No sabía si me daba tanto gusto la noticia, pues si bien me hacía mucha ilusión ver a mi familia y pasar días con ellos, no me quería ir en estos momentos. No sólo era alejarme de David, sino también de lo que quería saber sobre mis extraños sueños.

Aunque bien pensado, era el momento. Debía regresar a enfrentarme con mi pasado, ese pasado que hoy miraba con otra cara. Disfrutaría a mi familia y aprovecharía al máximo el momento.

¡Qué gusto les dará a mis padres y a mi hermano cuando les comunique la noticia!, pensé.

---- * ----

Al día siguiente no vi a David en la empresa, ni siquiera a la hora de comida. Era extraño. Le pregunté a Luis por él, y me contestó que había salido al hospital para acompañar a un amigo suyo. Era raro que no me hubiera llamado para decírmelo, pero tal vez se trataba de una situación delicada y él no había tenido cabeza para nada más.

Llegué a mi casa muy temprano. No sabía si llamar a David, tal vez estaba en el hospital y sería inoportuna mi llamada. Pensé mejor en esperar a que él se comunicara.

El tiempo pasaba lentamente y yo no podía dejar de pensar en lo mismo. Me angustiaba no saber de él. Más aún, me perturbaba pensar que ya no quisiera estar a mi lado.

Traté de alejar los malos pensamientos y convencerme de que, si no estaba conmigo en este momento, era porque algo grave estaba sucediendo con su amigo.

Respiré profundamente e intenté relajarme, pero no lo conseguí; ya no era sólo la preocupación de no recibir llamada de David. Había algo más. Sentía un fuerte dolor en el pecho que me hizo sentir mareada, intuía algo grave, como si alguien de los míos estuviera en problemas.

Sin pensarlo más llamé a mi familia para cerciorarme de que todos estuvieran bien. Ahora más que nunca debía confiar en mi intuición; en mis pensamientos y sueños que al parecer traían mensajes de realidad.

Hablé con papá y me confirmó que todo estaba en orden en la casa. Le anuncié lo de mis vacaciones y se alegró muchísimo. Lo mismo mi madre e Ignacio. Pero yo no logré relajarme, el dolor en el pecho continuaba. Ya no me importaba; llamé a David. Debía cerciorarme de que estuviera a salvo y sin más, marqué a su celular.

—¿David?, ¿te encuentras bien?

—Hola, María, sí estoy bien, pero estoy acompañando a un amigo que está en el hospital.

—Lo siento muchísimo, de verdad. ¿Qué le pasó? Estaba preocupada, pues no sabía nada de ti.

—Espero que entiendas por qué no te había marcado, pequeña. He estado acompañando a mi amigo en el hospital. No me gustaría dejarlo en estos momentos.

— ¿Está muy mal tu amigo?

—Estuvo muy mal. Ya se recuperó, pero cada seis meses tiene que entrar al hospital para que lo revisen y le hagan todo tipo de análisis.

Fue todo lo que me dijo, pero en cuanto colgamos, aquella extraña sensación se repitió, invadió mi cuerpo a toda velocidad y comencé a llorar desconsolada. Me sentía realmente mal, una tristeza infinita se apoderó de mí. Lo único que deseaba era que acabara el día.

Era aún muy temprano para ir a dormir, así que decidí salir del departamento; distraerme y relajar mi mente. Comencé a caminar y tomé un taxi. Sin pensarlo demasiado le pedí que me llevara hasta el local del señor Prado. Llegué hasta ahí y vi todo muy cambiado. Hacía tiempo que no regresaba; estaba tan ocupada en mi nuevo amor que había dejado atrás el misterio.

Me sorprendí al ver que remodelaban el lugar. ¿El señor Prado lo habría vendido? Pegué la cara al cristal y pude ver bien los cambios: el piso de madera ahora era de barro, las paredes blancas habían sido pintadas de naranja deslavado, los espacios se veían mucho más iluminados, lucía agradable. Muy diferente, sin duda, a como se veía en mis sueños, y a como lo habíamos visto Luis y yo.

Me preguntaba qué habrían hecho con el espejo antiguo. Lo busqué con la mirada en cada rincón del lugar, pero no estaba. Quizá el señor Prado lo habría regalado, como hizo con la pintura de Marieta.

Estuve un rato cavilando en todo aquello, y, por fin, decidida me fui de ahí. Pese a todo, mis pensamientos no eran claros.

Llegué a casa y en la entrada me esperaba el portero con un arreglo de flores. Nadie abrió la puerta del departamento y se lo habían dejado a él.

En ese momento un recuerdo muy especial llegó hasta mí: reviví por un instante la primera vez que Nicolás me envió flores a casa.

¿Cómo olvidar ese momento si había sido el comienzo de un gran amor?

Había una pequeña nota entre las flores, que decía: "Siento mucho haberte incomodado con tantas preguntas. Eres una mujer extraordinaria. Me encantó conocer más de ti. David."

¡Qué gusto me dio saber que sí le importaba!

Unos minutos después sonó mi celular. Era él, David.

—Espero que te hayan gustado las flores, te quiero pedir perdón y decirte lo mucho que me importas.

—Están preciosas. Sabes que no hay nada que perdonar.

———✻———

David no se presentó en la empresa los siguientes tres días. Pude hablar con él dos veces más y sólo un ratito. Seguía en el hospital con su amigo.

Mi dolor en el pecho nunca cesó, continuó durante días.

David no me permitió ir al hospital a verlo. Me llenaba de absurdos pretextos, y yo realmente no comprendía su comportamiento.

Aunque lo que más deseaba era que todo saliera bien y volviera al fin la paz a la vida de David y a la familia de su amigo.

———— � ————

Era viernes, y al día siguiente muy temprano, saldría a Guanajuato. Las vacaciones comenzaban y mi familia estaba muy emocionada por mi llegada, y yo también.

Amaneció y antes de partir me paré frente a Marieta y le hablé:

—No sé quién eres, ya te lo dije; ignoro lo que quieres de mí, pero sea lo que sea, por favor házmelo saber. Quiero entenderte y ayudarte si eso es lo que necesitas.

La miré a los ojos y sonreí. Por instantes creí que me estaba volviendo loca, y, no obstante, tuve la sensación de que me escuchaba.

—Regresaré y averiguaré qué quieres, y así llegará a mí la paz absoluta y quizás también para ti, señora.

Tomé la maleta y mi bolso; revisé que todo quedara en orden y salí.

Eran las 8 en punto de la mañana cuando abordé el autobús hacia Guanajuato. Seis ansiosas horas de camino repasando con la mirada perdida el camino, mi vida de antes y la de después de marcharme de casa de mis padres.

También pensé en David. Con lo de su amigo en el hospital y todo lo que había ocurrido, sólo le había mencionado mi viaje de pasada. Debía haberle dado más detalles.

En cambio, la persona que pasó por mi cabeza fue Nicolás. Volví a preguntarme por qué se había ido de mi lado. Quizá tenía la esperanza de que al llegar a Guanajuato su cara fuera lo primero que vieran mis ojos. Pero, ¿y David? ¡Dios mío, qué confusión!

Después del largo trayecto por carretera, finalmente llegué. Mi padre me esperaba y en cuanto lo vi corrí hacia él y lo abracé con todas mis ganas. Él me correspondió de inmediato y me llenó de besos. ¡Me sentía tan feliz! Tomó mi mano mientras con la otra cargaba mi maleta.

En el coche esperaban mamá e Ignacio: ella sentada al frente y mi hermano atrás, con el cinturón de seguridad puesto y recargado al asiento con una base rígida que lo sostenía.

¡Qué emoción tan increíble sentí al verlos! De inmediato los abracé y los besé locamente durante largos minutos.

En el trayecto observé cada detalle en las calles hasta llegar a casa: los callejoncitos, los hermosos andadores, los antiquísimos túneles, los árboles, las personas y todo lo que había a mi paso. Todo era tan igual y diferente a la vez… Volví a amar todo, como cuando era niña.

Mamá no paraba de hablar de todo lo ocurrido en mi ausencia. Yo la miraba con dulzura y a la vez escuchaba sus importantes palabras; observé su hermoso rostro, sus movimientos y la calidez con la que se expresaba. No dejé un solo momento de poner atención a todo lo que decía.

Mi hermano se acercó hasta mí con mucho esfuerzo, uniendo su mano con la mía. ¡Qué alegría y qué orgullo saber que su cuerpo ya empezaba a reaccionar! Lo miraba enternecida, sin soltar su mano ni un instante y cada vez que podía, chocaba su mano contra mis labios y lo besaba.

Ésta era mi hermosa familia, aquella con la que compartí mi vida entera, con la que reí hasta cansarme y con la que lloré hasta agotarme. ¡Ésta era, tan fiel y esperanzada, mi familia sencilla, unida y amorosa…! Y yo estaba aquí de nuevo a su lado, en una visita tan diferente a mi pasada y única visita desde que me había ido. Hoy venía fortalecida y esperanzada.

Me sentí viva y agradecida, sin resentimientos, sin miedos, sin soledad. Estaba aquí para llenar aún más mi alma y la de los míos.

Llegamos a la casa y después de subir mi maleta hasta mi cuarto, nos reunimos en la sala.

—Cómo me gustaría que esto no fuera sólo una visita, hermana, sino que hubieras llegado para quedarte.

—Lo sé, Ignacio, y créeme que muchas veces he pensado en regresar; pero aún no es el momento. Algún día lo haré, verás que así será.

—Nos ha dado tanto gusto saber que pasarías estos días con nosotros, que tu madre y yo hemos preparado todo para que sea una estancia perfecta para ti. Nos vamos a divertir muchísimo, como antes, mi niña —añadió mi padre.

—¡Gracias, papá!

Cuando mi padre habló no pude evitar que en mi mente se agolparan tantos y tantos recuerdos que sacudieron mi alma: las maravillosas aventuras de nuestra niñez, las excursiones, las visitas al mar, los juegos en casa, las competencias, y muchos otros eventos importantes que marcaron mi vida y llenaron de felicidad cada parte de mi cuerpo.

Después llegó la tarde de súper, como las de antes. Cada uno de nosotros escogía lo que más le gustaba y eso hacía que el día fuera poco convencional. Como decía papá: "Carta abierta para todos"

Esto sucedía en vacaciones o quizá en alguna fecha especial.

¡Mmm!, qué delicia, ¡cajeta! ¡Uf! ¡Chocolate para untar! ¡Galletas de nieve! ¡Helado de fresa!... Fui colocando cada cosa en el carrito de metal, mientras mi boca se convertía en un lago insaciable.

Al llegar a casa preparamos salchichas con limón, taquitos de res, guacamole; abrimos una lata de almejas y otra de ostiones ahumados, galletitas saladas y pusimos todo sobre la mesa del cuarto de televisión. *The Green Mile* fue la película perfecta para la ocasión.

Pasamos cuidadosamente a Ignacio a un cómodo sillón, mientras papá, mamá y yo nos escurrimos en el viejo sofá beige de cuatro plazas. ¡Qué increíble noche! ¡No existía nada más en ese momento, sólo éramos nosotros disfrutando el momento al máximo!

Lloramos sensibilizados, reímos sin parar, comimos sin cesar exquisitamente, convivimos como no lo hacíamos desde hace tiempo. Fue una velada excepcional.

Más tarde entré a mi cuarto y pude ver que aún seguía todo igual a como lo había dejado. Y aunque ya había venido de visita una vez, me conmovió ver a mis muñecas, al oso de peluche sin ojo recargado contra el buró, los libros de la escuela, mi antigua televisión, las flores ya secas en un canasto que me había regalado Nicolás cuando nos hicimos novios. Mi enorme cajón de recuerdos, donde guardaba cartas, postales y todas las memorias importantes.

Todo estaba igual, intacto, como si yo nunca me hubiera ido, e idéntico a cuando regresé a casa en mis primeras vacaciones. Sólo que ahora yo sí estaba diferente.

Eran las 10 de la noche y sonó mi celular. Era David.

—María, hola.

Mi corazón latió a mil por hora al escuchar su voz.

—Hola, David, ¿cómo estás? ¿Cómo sigue tu amigo?

—Ya terminaron los análisis. Salió todo bien, y por fin hoy pudo regresar a su casa.

—Me da mucho gusto, te lo digo de corazón.
—¿A qué hora te fuiste, María? Acabo de ir a tu casa, quería darte la sorpresa, pero nadie abrió. Pensé que todavía te encontraría en México. Después le marqué a Luis y me dijo que habías salido para Guanajuato hoy muy temprano.
—Sí, estoy en Guanajuato. Te hablé de mi viaje sólo de pasada. No te dije que hoy saldría, pues estabas con lo de tu amigo. Pensaba hablarte mañana por la mañana.
— ¿Cuántos días estarás por allá?
—Un par de semanas.
—Te voy a extrañar mucho, María. Lo sabes, pienso mucho en ti.
—Yo también pienso en ti, David. Dos semanas pasan pronto. Ya te veré a mi regreso a México.
—Claro que sí; de todas maneras, te estaré llamando mientras estés por allá.

Quedé muy contenta de escucharlo, de saber que todo estaba bien y de que, contrariamente a mis negros pensamientos, David aún me quería.

———*———

Desperté atemorizada de madrugada cuando sonó mi celular. Las llamadas a esas horas hora nunca traen buenas noticias. Contesté temblando:
—Bueno. Bueno, ¿quién habla?

No se escuchó ruido, pero después de unos segundos, la melodía de siempre comenzó a sonar, aquella que me relajaba y me hacía soñar. Permanecí escuchándola durante algunos minutos. Era perfecta y relajante. En ese momento el susto se desvaneció para transformarse en paz.

No sabía quién era y qué pretendía. Concilié de nuevo el sueño casi de inmediato.

Al día siguiente, al salir de mi cuarto, caminé hasta la cocina. Mis papás y mi hermano ya estaban despiertos, listos para desayunar. Desde ahí pude ver que en el recibidor estaban las cañas y todo el equipo de pesca de papá.

—¿Qué te parece, María? ¿Nos vamos a pescar?

— ¡Me parece increíble, papá, como antes! ¡Es genial!

Miré a Ignacio sereno, sabía que compartía el mismo sentimiento que yo. Se reflejaba en su mirada. Estoy segura de que él también sentía una enorme ilusión y alegría.

Esta vez, a diferencia de antes, mamá nos acompañaría a pescar. Nunca había ido con nosotros, no le gustaba sentarse en el campo, odiaba los mosquitos revoloteando en su cabeza, y el olor del pez recién pescado le provocaba náuseas.

Pero hoy era diferente, se veía feliz y no mostró ningún signo de incomodidad.

Me sentía como niña de nuevo, y aunque no era así y todos éramos adultos, lo disfrutamos igual o más que antes.

Llegamos a la presa, el sol estaba en su máximo esplendor, el viento ligero soplaba acariciando las tibias aguas con delicadeza.

Extendimos una manta de cuadros rojos a la orilla. Mi padre, mi hermano y yo lanzamos los anzuelos al agua y los tres nos miramos emocionados, reviviendo grandes momentos.

Mamá sostenía los brazos de Ignacio para ayudarlo con su pesca. Fueron los primeros en atrapar un pez; era enorme.

Papá y yo sacamos dos pequeños después de un par de horas; pero sin duda, el de Ignacio sería el pescado que engalanaría la mesa de la comida.

Al llegar a casa, mamá lo preparó a la mantequilla y quedó riquísimo. Esa tarde llegó a comer con nosotros la abuela Carmen. La abracé con fuerza y cariño y brindamos con vino, mientras el tiempo pasaba con la lentitud de la provincia.

Recordamos al abuelo y nuestros grandes momentos a su lado.

Nunca imaginé revivir este sentimiento. Después de todo lo que había ocurrido en el pasado, estaba viviendo de nuevo. Era nuevamente yo, ¡María!, la que sentía, amaba y disfrutaba.

Los días fueron pasando, y papá hizo de cada minuto un momento mágico para todos. Disfruté intensamente.

Saber que estaban bien y que la recuperación de Ignacio fuera cada día mejor, me mantenía tranquila. Era otro desde mi última visita. Ahora lo veía más seguro, y su mirada transmitía paz.

¿Qué más podía pedir? Estaba orgullosa de mi familia, del pasado y del presente.

Mi compromiso con la vida comenzaba a cambiar. El presente estaba en mis manos y mi pasado comenzaba a curarse, no huiría más del dolor. Sabía que llegaría en momentos, pues había logrado comprender que el dolor también forma parte de la vida.

Entendí que para vivir se necesita también llorar y reír. Tenía una nueva ilusión, un amor que despertaba en mí lo que creía haber perdido.

Y mientras me sumergía en estos pensamientos, escuché a mi alrededor a los pájaros revoloteando, el sonido de los coches en la calle, los murmullos de la gente, los gritos de los niños jugando. Estaba viva...

Pero esta felicidad no se parecía a la extraña felicidad de uno de mis sueños; era muy distinta, esta vez yo era la que estaba feliz, y no sólo la gente a mi alrededor: ¡era yo! Sonreí. Y mi sonrisa venía desde lo más profundo de mi ser.

Enseguida tomé un cuaderno y me dispuse a escribir:

"Hoy, la vida no sólo es un puñado de circunstancias que ocurren en el tiempo en un espacio; es algo mucho más profundo y significativo. Es espíritu, corazón, sentimientos y emociones que recorren cada parte de nuestro perfecto cuerpo, y que se manifiestan en nuestro exterior con cada movimiento, en cada expresión, en cada palabra y en cada caricia.

"¡Qué importante es lo que llevamos dentro! Es necesario alimentar el alma con el amor a uno mismo, hacia los que nos rodean y a la naturaleza; amar lo sencillo de la vida, el gusto por crear y trabajar en lo que nos hace feliz; compartir una sonrisa sincera que ha viajado desde el alma hasta los labios.

"Nuestra alma nos habla día con día, nos suplica que no la abandonemos, y si no hay cuidado para ella no habrá felicidad afuera. Nos dice que habrá situaciones dolorosas que irrumpirán en nuestra vida sin autorización. Pero habrá un día que todo ese dolor acabará, pasará y después sólo será un recuerdo que hay que dejar atrás.

"Y esta alma que es nuestro motor, nos pide que cuando esté alegre festejemos con ella, y si está triste la entendamos y consintamos, y si enferma la curemos de manera adecuada.

"El alma es la parte más importante de nuestro cuerpo; si ella no está bien, nada en nuestro entorno estará bien.

"El alma y nuestro cuerpo van de la mano; se necesitan uno al otro, con la enorme y reveladora diferencia de que el alma sin el cuerpo sigue siendo magia, amor y libertad, y el cuerpo sin alma ya no es nada".

No sabía por qué escribía esto; ¿sería porque mi alma me lo estaba pidiendo? No lo sé. Sólo sé que después de hacerlo me sentí relajada.

Llegó el día de regresar al DF, de nuevo al trabajo.

Me dormí todo el camino en el autobús de regreso a México.

Con gran flojera jalaba mi maleta hasta la salida; tomaría un taxi. Pensaba en esto cuando una mano apareció por detrás de mí, intentando arrebatarme el equipaje, volteé desconcertada y casi gritando, para de pronto encontrarme con esa sonrisa:

—¡David! —grité…

Más guapo que nunca, lo abracé.

—Te extrañé mucho, María. ¡Me da tanto gusto que hayas vuelto!

—Yo también te extrañé. Quería regresar ya para poder abrazarte.

———✦———

Al día siguiente, domingo, fuimos a comer a uno de sus restaurantes favoritos, Colores, en la colonia Condesa, tan de moda entonces. David pidió una botella de champaña acompañada de una deliciosa comida. La tarde fue perfecta.

Entrada la noche volví a mi departamento, me acosté en la cama, mientras él me cobijaba con una manta. Me besó la frente, acarició mi pelo y cuando me quedé dormida se fue.

Al despertar al día siguiente me encontré con los ojos de Marieta que me observaba desde el cuadro.

Había perdido contacto con el señor Prado, y ahora no sabía con qué pretexto podría volverlo a ver.

Tomé un largo baño, un desayuno ligero y me dirigí a la oficina.

Era un día brillante y despejado y yo estaba relajada y contenta.

Había tenido unas vacaciones fabulosas con mi familia, y el reencuentro con David llenó mi alma por completo de vitalidad.

Mi jefe, muy amable, me visitó en mi oficina, dándome la bienvenida.

Me parecía raro no ver a Elena en la empresa; su cubículo estaba vacío; pensé que tal vez se había ido de vacaciones. Eso debía ser, pensé.

Había mucho trabajo aplazado debido a mi ausencia. Decidí no salir a comer para terminar más pronto con los pendientes. La tarde corrió como agua en las manos. Mi reloj marcaba las 8 de la noche; la mayoría de las oficinas estaban ya vacías. Los pasillos comenzaron a apagarse uno a uno. Salí de la empresa.

Miré hacia el cielo y pude ver que un tapiz de luminosas estrellas cubría el firmamento, jamás había visto algo igual; mis ojos se quedaron paralizados ante tal escenario.

Caminé por la calle y al mismo tiempo continué contemplando el magnífico espectáculo natural. Parecía que las estrellas se tomaban de las manos unas con otras, y bailaban como si tuvieran algo importante que festejar.

Me paré a la mitad de la calle con los ojos bien abiertos.

Mi celular sonó. Contesté al momento, sin dejar de observar aquel cielo, y con el baile de las estrellas y la paz que inundaba mi cuerpo, escuché nuevamente la misteriosa melodía que endulzaba mis oídos.

La escuché hasta el final.

De pronto, sin quererlo, mi pasado llegó a mí una vez más, y pasó por mi mente como una película en cámara rápida. Agradecí a Dios el que estuviese viva, agradecí tener a mi familia y que el amor hubiera vuelto a mi vida. Un fuerte aire corría sin cesar, provocándome escalofríos en todo el cuerpo, ¡sabía que era Él! Me estaba escuchando.

¡Qué mejor forma de hablar con Dios, cuando se siente tan presente en el ambiente! Lo sentí tan cerca, tan impregnado en el viento, en las estrellas y en mi piel.

Respiré profundamente, continué el camino hasta mi casa, y al mismo tiempo seguí tarareando la bella melodía.

Una noche especial, sin duda. La magia flotaba con el viento, era evidente.

——— ✣ ———

Los días siguieron transcurriendo en la ciudad y yo seguí saliendo con David durante un par de semanas más, y el amor se fortalecía al paso de los días.

A Luis y a Renata los veía poco, aunque diariamente nos sentábamos juntos en el comedor de la revista. Casi todo mi tiempo lo absorbía David.

Una noche de sábado en un elegante restaurante al norte de la ciudad, sentados en una pequeña mesa redonda coronada por una vela blanca alargada que iluminaba el precioso arreglo de alcatraces, David tomó mi mano y la entrelazó con la suya. Me miró a los ojos y dijo:

—María, me siento muy afortunado de haberte encontrado. Admiro tu belleza, pero también tu sensibilidad y alegría. Has venido a cambiar mi vida, y ya no podría estar sin ti. Es por esto por lo que te pido que formalicemos nuestra relación y recorramos juntos un solo camino.

Las piernas no dejaban de temblarme, los nervios me carcomían. Le dije entonces:

—Tú hoy eres el causante de que yo haya vuelto a sentir amor. Pensé que nunca más encontraría a nadie que llenara mi alma. Soy también afortunada de haberte encontrado; feliz caminaré a tu lado hacia un mismo camino.

Nos miramos y sonreímos. Nos besamos las manos y después los labios.

Tuve muchas ganas de contarle uno a uno y sin rodeos, todos mis secretos: mis extraños sueños, hablarle de los señores Prado, de la música en el celular... pero al final no lo creí conveniente. Quizá aún no era el momento.

Deseaba saberlo todo: qué lo hacía feliz, qué le daba tristeza, miedo, cómo era su familia, sus amigos. David hoy formaba parte de mi vida y anhelaba descubrir hasta el rincón más escondido de su alma.

Llegamos hasta la puerta de mi casa. Me envolvió con un fuerte abrazo y me besó una vez más; después se marchó, y con él, la sonrisa más bella que jamás me habían compartido.

Fue una velada maravillosa. Con David recuperaba el sentido de vivir: el amor, la confianza en mí misma y en la vida.

Y, sin embargo, no dejaba de escuchar la bella melodía en mi cabeza, una y otra vez. Pensé que quizá David era el responsable. Tal vez se había fijado en mí desde el primer día que coincidimos cuando mi recién ingreso, probablemente había obtenido mi celular en la agenda de la empresa, y seguramente él me ponía a escuchar esa encantadora melodía. Sí, seguro que sí, ¿cómo no lo había pensado antes? Sin duda, ¡era él!

Esa noche dormí como nunca; tan profunda y serena que a la mañana siguiente me fue fácil incorporarme al nuevo día.

Estaba en un gran momento. No me interesaba nada más, tenía hoy todo lo que había perdido tiempo atrás. Decidí guardar la pintura de Marieta, la envolví perfectamente con papel de China, la coloqué dentro de una bolsa negra de plástico y la metí hasta el fondo del clóset. No quería involucrarme más en el misterio, por el momento.

David y yo comimos juntos en la cafetería de la empresa; era la primera vez que nos sentábamos juntos; todas las miradas seguían nuestros pasos. Miradas de asombro, de desconcierto y de celos también. Y, sin embargo, lo único que importaba era nuestro perfecto amor.

Seguí con mis responsabilidades laborales de siempre, que por ningún motivo cambiarían. Mi relación era independiente de mi trabajo, y debía cuidarlo, puesto que había llegado a mí sin buscarlo. Era muy afortunada de tenerlo.

Seguro era un ángel quien me había enviado hasta aquí, porque no sólo era el espléndido trabajo, sino que también había encontrado de nuevo el amor.

El trabajo había estado duro ese día; salí de la empresa alrededor de las 9 de la noche. David me llevó hasta mi departamento, le pedí que entrara y cenáramos juntos. Él aceptó con gusto.

Juntos cocinamos unas deliciosas sincronizadas, nos preparamos una malteada de cereza intentando experimentar, y sí, el experimento quedó riquísimo.

Nos acurrucamos en el sofá de la sala para cenar. Después de un par de horas, se fue.

Estaba cansada, pero nada interrumpía mi felicidad.

Fui hasta mi cuarto, prendí la lámpara del buró, me recosté aún con ropa encima de la cama, y respiré profundamente mientras cerraba los ojos. Me relajé y después de unos minutos lentamente volví a abrirlos, incorporándome a la realidad. Pero esta vez los abrí más que nunca en mi vida. ¡No podía creer lo que estaba viendo!: la pintura de Marieta estaba colgada en la pared, frente a mí.

Por la mañana la había guardado en mi clóset. Salté de la cama cual resorte, ansiosa busqué en el clóset y vi que la bolsa y el papel que la envolvían estaban tirados en el suelo. Era realmente extraño, pues nadie había entrado a mi departamento en todo el día, Pensé de inmediato en David. Imposible, estuvo todo el tiempo conmigo. De pronto un aire frío me envolvió el cuerpo, provocando en mí espantosos escalofríos. No había ninguna ventana abierta en todo el departamento y sentí miedo, ¿era posible que Marieta estuviese rondando por aquí? No quería pensar más, estaba perturbada.

Temblaba sin cesar. Con gran esfuerzo abrí el cajón de mi buró, saqué una pastilla para dormir. Era lo único que deseaba en ese momento, dormir y olvidar. La sensación de mi cuerpo era inexplicable. Después de unos minutos, logré conciliar el sueño.

———�———

Una vez más comencé a soñar con Marieta.

Y ahí seguía frente a mí, aquella mujer que entre sueños intentó comunicarme algo que probablemente la inquietaba; esa mujer plasmada en una pintura, casi tan perfecta como una fotografía. Esa mujer vestida de blanco, y con el pelo amarrado en un elegante chongo. A la que seguí los pasos después del primer sueño; conocí a su esposo y parte de su vida pasada y su negocio. Esa mujer que se ha apoderado de mis pensamientos, la que sembró en mí un montón de dudas y preguntas; la que ahora me persigue con su imagen y figura.

— ¿Qué es lo que quieres, Marieta? Dime qué puedo hacer por ti. Sólo quiero saber qué necesitas.

Era claro que ni el recuerdo de los sueños ni su imagen, me dejarían en paz.

Por la mañana opté por dejar la pintura colgada; no quería otro susto. Comencé a verla quizá con cierto miedo y a la vez con un enorme respeto.

Vivía un momento mágico en el amor, quería dejar atrás los sueños con Marieta y todo aquello que me había tenido obsesionada en mis momentos de mayor soledad y confusión.

Tenía que dejarlo atrás. Hoy en día nada me hacía más feliz que saber que aún tenía el amor de mi familia, que creí perdido, y el de David, que pensé imposible.

No deseaba abrumar mis pensamientos; sin embargo, sabía que esa mujer que tenía frente a mí no se rendiría y seguiría aquí, en mis sueños, en mi cuarto y en mi vida.

Le pedí a Dios que ayudara a Marieta, que me mostrara la manera de ayudarle.

¿Pero por qué me quejaba ahora? Recordé mi renacer desde que aparecieron los sueños, y también que por ellos volví a la vida sensible, a cambiar mi actitud. Después de todo le debía mucho a esa mujer.

Pero entonces por qué sentía miedo, debía estar agradecida y no querer olvidar todo. Debía pensar en darle seguimiento al asunto, tal vez había algo más que yo debía saber.

Tomé la determinación de seguir indagando, dejaría que las cosas fluyeran libremente, hasta encontrar la respuesta absoluta.

———✣———

Cuando llegué a la oficina me enteré de que habían despedido a Elena; ya me parecía raro no haberla visto durante estos días.

Cuando estuve de vacaciones, mi jefe la descubrió registrando mi escritorio e intentando borrar algunos archivos importantes de mi computadora; lo cual logró.

Mi jefe logró recuperar los archivos, con ayuda del encargado de sistemas; de momento me enfurecí, me dio mucho coraje ver de lo que era capaz de hacer por arruinarme, pero a la vez sentí lástima por ella.

Elena era una mujer solitaria y la revista era toda su vida. Era una lástima que los celos la hubieran llevado a actuar de esa manera. El lamentable hecho me dejó muy pensativa durante el día. No me causaba gusto que hubieran despedido a Elena. Después de todo, ella era una mujer con gran experiencia dentro de la empresa e imaginaba lo que debía estar sufriendo en esos momentos.

———— * ————

Todavía no podía creer que aquel hombre al que derramé el café estuviera en mi vida. Ese hombre de sonrisa perfecta y personalidad cautivadora. No lo podía creer porque nunca lo imaginé, y sin embargo, estaba a mi lado.

No obstante, todo aquello seguía siendo para mí una incógnita, porque a pesar de su dulzura, sentía que detrás de su mirada había algo más, algo que aún no decía con palabras, que guardaba en ese mundo extraños de su mente, y que quizá en algún momento develaría para mí.

Sin embargo, estaba feliz a su lado, caminando por la vida de su mano y queriéndolo cada día más.

Después de unos meses de noviazgo, un sábado me presentó de modo sorpresivo a su familia: planeó una cena en un elegante restaurante, y al llegar, toda su familia se encontraba ahí.

Su padre, Rafael Robles, a quien ya conocía, estaba acompañado de su esposa, Lucía, y de sus dos hermanas menores, Lula y Paula, quienes seguían estudiando en la universidad.

Estaba con ellos Mariano, su hermano mayor, que nada tenía que ver con la empresa de la familia: él era piloto aviador, una persona sencilla y culta. Estaba muy honrada de conocer a una familia que notaba, era muy especial.

Ante esa situación, me sentí comprometida de presentar a David lo antes posible a mi familia; él estaba al tanto de cada uno de los míos, ya que salían en nuestras conversaciones constantemente.

Buscaríamos el momento adecuado para visitar Guanajuato y recorrer juntos mis recuerdos de la hermosa ciudad que me vio crecer.

La relación crecía a pasos agigantados, ya teníamos cuatro meses de conocernos y sabíamos mucho el uno del otro; no podía compararlo con mi pasado amor, vivía circunstancias muy distintas a mi época de adolescente y de mi amor con Nicolás. La de David se había convertido en una relación madura, consciente.

De la única manera que podía comparar a mis dos amores, era el hecho de que ambos habían llegado en el momento oportuno y cuando más los necesitaba.

Sin duda la vida es sabia, pensé. Justo cuando dos desajustes emocionales me habían paralizado, también habían aparecido las personas y las herramientas necesarias para levantarme, ajustando mis emociones.

En ese momento pensé que a todos los seres humanos nos ocurre lo mismo, sólo que tal vez muchos no aprovechan lo que la vida les pone al alcance. Buscan lo que no pueden tener, o simplemente cierran su corazón, y entonces no hay crecimiento ni prosperidad.

CAPÍTULO 12

María comienza a curarse

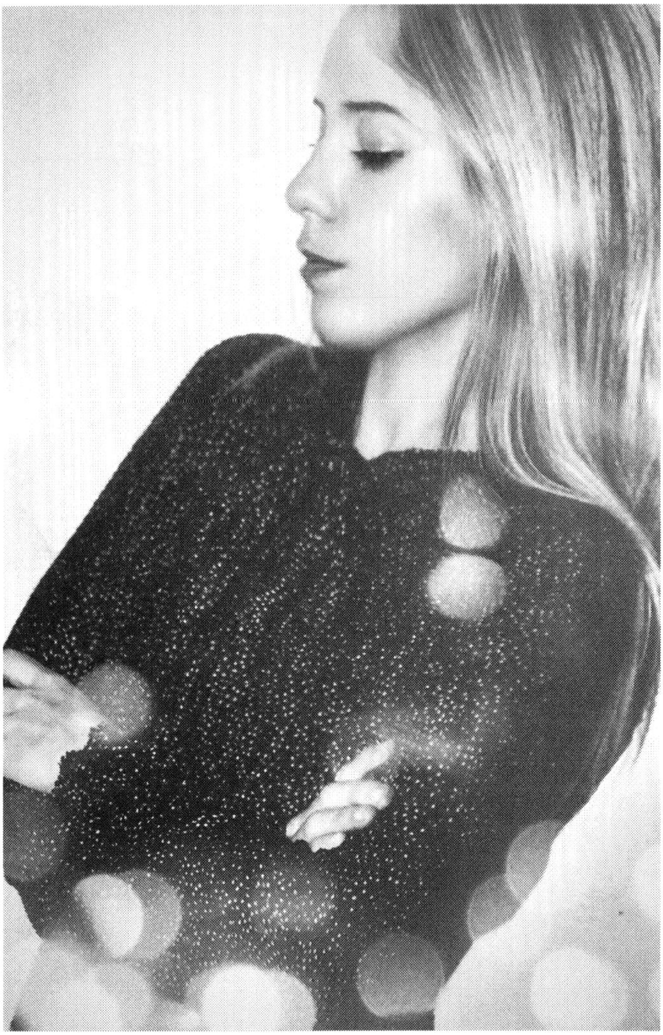

Me sentía agradecida de los importantes mensajes que llegaban a mí; la vida se tornaba de otro color. Tomé un minuto para cerrar los ojos y pensé: "Estoy viva, el amor me fortalece: el de mis padres y mis amigos, el de David y sobre todo el mío mismo".

Vi que no era difícil dejar entrar esas emociones que yo misma había bloqueado durante tanto tiempo; tampoco era difícil voltear atrás y enfrentar la realidad, enfrentar mi pasado para después dejarlo atrás, ahí donde debía permanecer.

Tuve mucho miedo de volver a perder; tuve miedo de ser lastimada, de amar y que me abandonaran, de presenciar más tristezas a mi alrededor; tuve miedo de volver a enfrentarme a la realidad, esa realidad que yo misma construí, que yo misma tiraba y volvía a construir.

Todo estaba más claro, y alguien había tratado de de advertírmelo. Ese alguien había entrado en mis sueños para abrirme los ojos. ¿Marieta? Quizá sólo era una enviada del cielo que trataba de enseñarme el equilibrio de la vida, y decirme: "No existe la eterna tristeza, ni la eterna felicidad".

La felicidad tal como lo vi en mi primer sueño, sin errores ni contratiempos, en un ambiente perfecto en el que la gente, como los personajes de mi sueño, siempre sonríe, no existe. Cada uno de esos seres perfectos son en realidad robots programados para vivir sólo momentos de sonrisas y bienestar.

Ahí me vi en mi primer sueño, intentando compartir ese momento eterno de felicidad que, si bien me ocasionó un placer momentáneo, al final me dejó vacía y confusa.

En mi segundo sueño no tenía cabida la alegría: todo era gris, envuelto de tristeza y contratiempos. Entendí el nuevo mensaje; en un sitio tan inhóspito no es posible aprender de los errores cometidos, porque uno no encuentra la manera de cruzar el ancho puente de la tristeza. En ese oscuro lugar no hay contrastes; simplemente no se puede conocer la felicidad.

Entendía hoy mucho más de lo que creía: si uno no comete errores, no puede crecer e intentar ser mejor persona. Si no conocemos la tristeza, no hay forma de compararla con las mieles de la felicidad.

Analicé mi pasado y comencé por traer a mi mente el accidente de mi hermano que, aunque desestabilizó durante largo tiempo a mi familia, la situación acabó por unir más a mis padres.

Ignacio fue creciendo internamente y al paso del tiempo logró asimilar las valiosas enseñanzas del abuelo, y obtener un trabajo digno en la nueva empresa de papá.

Mi hermano fue privilegiado porque supo lo que era caminar y correr. Fue un niño que creció sano y disfrutó su niñez como cualquier otro, y quizá el accidente, aunque fue muy doloroso, llegó para mostrarle otro lado de la vida, el más valioso: el de la espiritualidad.

A mí en un principio me afectó mucho, pues, aunque no fui yo la que quedé parapléjica sí lo sufrí con él. Pero al final yo también aprendí a enfrentarme con momentos difíciles, aprendí a ayudar y sacrificar mi tiempo para él, a ser más sensible y valorar mi vida al tener un cuerpo perfectamente estructurado.

Gané el tiempo compartido con Nicolás, que fue maravilloso, porque llegó para apoyarme y ayudarme cuando más lo necesitaba. Entendí que, si no hubiera conocido a Nicolás, me habría perdido de esos momentos de mágico amor a su lado.

Hoy comprendí también que, si Nicolás no se hubiera ido de mi vida, yo no habría conocido el éxito de mi carrera y, tal vez, tampoco me habría dado la oportunidad de aceptar el trabajo que ahora tengo. Y lo más importante, no me habría dado cuenta de todo esto, pues seguramente no habría tenido estos sueños que me abrieron los ojos para permitirme vivir como ahora.

Si a papá no lo hubieran despedido de su trabajo quizá no se habría independizado. Tuvo que afianzar el bienestar económico de la familia. Fue difícil y arriesgado en su momento, pero al final fue oportuno y necesario. Ignacio tiene el mejor trabajo hoy, y un patrimonio que a la larga va a heredar. Tiene estabilidad y un motivo grande de vida que lo hace sentir útil e importante.

Entendí que la muerte forma parte de de vida y que el abuelo debía irse, que dejó en nosotros lo mejor de él: su amor, su tiempo y enseñanzas y que sin él, nosotros no hubiésemos existido.

¡Qué bien me hizo sentir abrir los ojos y entender parte del mensaje! Un mensaje de esperanza que me llegó a través de esa bella señora de pelo negro y vestido blanco, que se apareció en mis sueños.

Sin embargo, sospechaba que había algo más e intentaba descifrar los últimos sueños en los que aparecían las tres puertas del jardín.

Después de mucho pensarlo, finalmente deduje el mensaje: necesitaba ver a mi familia y verme a mí misma con bien.

En el primero de estos tres sueños mi familia estaba afligida, sin esperanzas y yo muy sola en mi oficina, refugiándome en mi trabajo y en un pasado silencioso.

En la tercera puerta sólo había confusión. Tenía la llave correcta, la que yo misma me di al encontrarme en la segunda puerta, así pues, yo era la única que tenía la respuesta. Mi propia respuesta.

——— ‡ ———

Pasaron los días y las semanas y yo seguí mi camino. Todo marchaba bien con David, nos sentíamos muy unidos y el amor se fortalecía día con día. La comunicación con mis padres y mi hermano se volvió más abierta, más clara, y los problemas pasaron a un plano secundario.

En mi trabajo de vez en cuando había contratiempos, pero nada que acabara con mi vida y que no pudiera solucionar.

Cada día se convirtió en único, y el camino de la casa a la oficina y de la oficina a la casa se volvió el más placentero de mis recorridos. La dependiente del súper dejo de ser la chica de los viernes, ahora también era la de los miércoles, y ese día no mostraba la estúpida sonrisa de siempre. Los miércoles su semblante era serio, lleno de apatía. Los viernes era su último día de trabajo, el motivo perfecto para expresar esa sonrisa que me llegó a cansar. Hoy me daba gusto conocerla en su otra faceta, mientras yo ahora era quien le sonreía.

El cielo cada día era diferente, el sol brillaba con distinta intensidad, la lluvia caía en diferente dirección, nunca volvería a ser igual. Por primera vez vi al conserje de mi edificio sin lentes, quedé sorprendida de sus ojos cafés. Observé, desde entonces, cómo cada atardecer y cada anochecer eran distintos.

Marieta, sigues ahí.

Nunca te he tocado, no he escuchado tu voz, pero sé que no has terminado conmigo. Y yo aquí estaré esperando.

Volví a recordar al abuelo Miguel, lo que sintió aquella tarde en la banca de la Plaza de la Paz; sabía que estaba cerca de sentir lo mismo, y eso aumentaba aún más mi satisfacción.

CAPÍTULO 13

De Puerda Dorada a Caribea

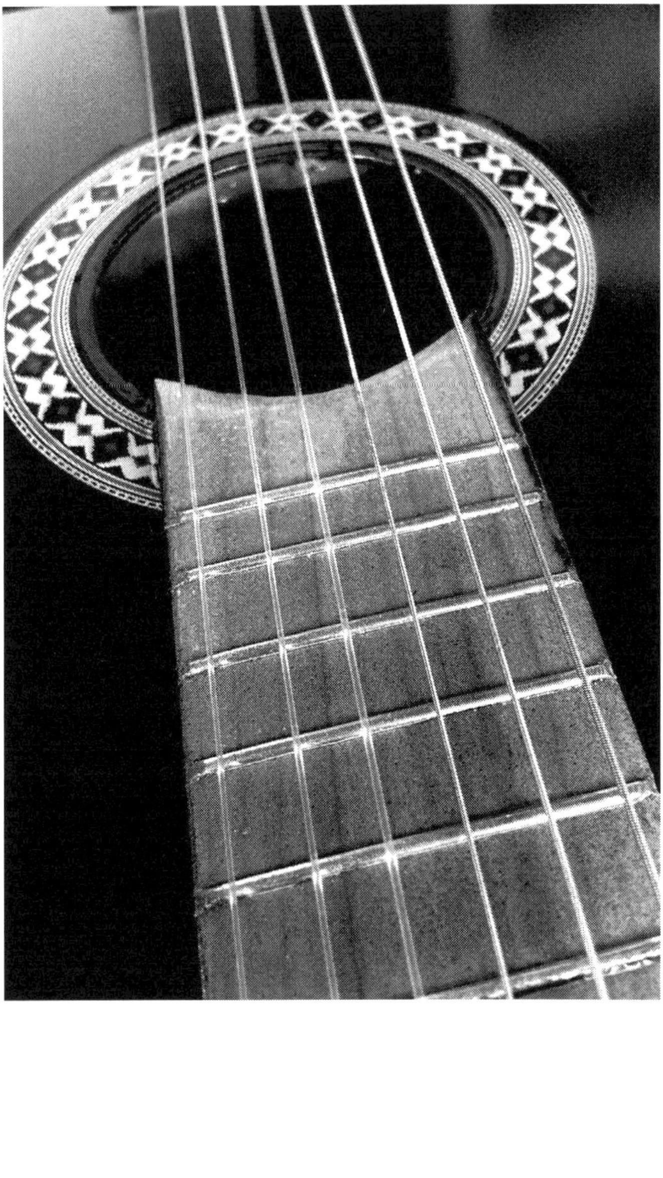

Me recosté en el sillón de la sala dispuesta a leer detenidamente un anuncio publicitario que había llegado a mi buzón: "Nuevo restaurante Caribea, antes La puerta dorada", rezaba la publicidad...

¡El restaurante del señor Prado! ¡Qué buena noticia! Tenía mucha curiosidad de ver cómo había quedado, qué tipo de comida ofrecía y demás. No podía esperar hasta el día siguiente, así que decidí ir a cenar ahí esa misma noche. Tomé el teléfono, y primero llamé a David. Enseguida le marqué a Luis y quedamos de vernos ahí los cuatro.

Un rápido baño, una arregladita ligera, y enseguida David pasó por mí para llegar al restaurante; mi corazón palpitaba de emoción.

Al llegar me sorprendió la espléndida decoración y el ambiente tan cálido como una tarde de playa.

Nos asignaron rápidamente una mesa, y para mi sorpresa se trataba de la misma en la que me había sentado en mis sueños, la que miraba a la ventana hacia la calle. ¡No podía creerlo! David me miró con cierta sorpresa y le pregunté:

— ¿No te parece maravilloso el lugar, David?

— ¡Claro que sí —respondió —es estupendo! Mucho mejor que antes; más juvenil, ¡alegre!

— ¿Sí? ¿Lo conociste cuando era La puerta dorada, David?

— Por supuesto. Llegué a venir muchas veces con mis amigos y con mi familia.

En cuanto llegaron Renata y Luis, pedimos las cartas para unos minutos después ordenar.

La música caribeña sonaba por todo el lugar, los meseros parecían bailar al son de las melodías mientras pasaban en medio de las mesas con sus charolas sujetadas. La gente estaba alegre; en su mayoría eran personas jóvenes.

El servicio fue excelente, los platillos bien presentados y la comida exquisita. Esa noche fue genial: hablamos, bailamos y reímos sin parar.

El lugar me tenía encantada, un cúmulo de recuerdos desfilaba por mi mente: los sueños, el señor Prado... Veía a mis amigos y a David, y ellos lo estaban disfrutando tanto como yo.

Renata y yo nos paramos al baño, y caminamos por un largo pasillo hasta el fondo. Cuando abrí la puerta, lo primero que vi fue ¡el espejo de Marieta!, aquel en el que me había reflejado hermosa, cálida y brillante y después enferma, sola y apagada. Era también el espejo en el que había visto el reflejo de Marieta.

Una ola de escalofríos recorría mi piel, ¿qué hacía el espejo aquí?

De pronto, sentí una mirada a mis espaldas, volteé de inmediato. Vi a una persona que me observaba a través del cristal de la cocina. Estaba al fondo, entre las campanas de vapor, cubierto con tapabocas y un gran gorro de cocinero. Me miró unos segundos más y se dirigió a una pequeña puerta de madera; parecía una cava.

Un poco perturbada regresé a la mesa a continuar nuestra buena noche.

Después del restaurante, David me llevó hasta la puerta de mi casa:

—La pasamos estupendo —dijo.

Antes de acostarme, una vez más observé detenidamente la pintura de Marieta.

—¡Qué cantidad de preguntas tengo para usted, señora; es una lástima que no me las pueda contestar!

Apagué la luz y enseguida entré en un sueño muy profundo...

———— ‡ ————

Cómo habían crecido las flores del jardín, siempre tan hermoso. En esta ocasión lo noté más frondoso, más colorido; verdes intensos iluminaban mi vista, desde el más oscuro hasta el amarillento. Las flores rojas, rosas y moradas cautivaban mi mirada. ¡Qué fabuloso! Jamás había visto algo igual.

Las tres puertas aparecieron frente a mí. Me acerqué con cautela hacia la última y giré la manija: cerrada. Recordé que la llave la tenía conmigo, pues yo misma me la había dado.

Metí mi mano en el bolsillo derecho del pantalón y saqué la llave dorada. La introduje en la cerradura con mucho cuidado, giré la chapa de la puerta y la abrí poco a poco, procurando no hacer ni el más mínimo ruido. Cuando me asomé, pude ver al fondo a dos personas de espaldas, sentadas en un sillón color rosado. No hablaban y apenas movían la cabeza, la luz era muy tenue y sólo alcancé a distinguir sus siluetas. Tuve miedo de caminar hacia ellos. No los conocía y no sabía si me harían daño.

Era mejor cerrar la puerta y volver al jardín. Eso pensaba, cuando de pronto una de las personas volteó hacia mí. ¡Era ella! Marieta estaba ahí. Se levantó lentamente del sillón y comenzó a caminar hacia donde yo estaba. Fue tal mi miedo que azoté la puerta y corrí hacia el jardín a esconderme entre los árboles. Esperaba verla desde mi escondite. Tal vez saldría a buscarme, pero no sucedió.

Estaba soñando y lo sabía, pero perdida en el jardín de mi mente. Abrí los ojos y vi el despertador de mi buró: eran ya las 7:30 de la mañana.

Desperté tranquila y supe que la señora de venas azules que había cerrado presurosa la tercera puerta en mi sueño anterior era Marieta.

———— * ————

Al llegar a mi oficina la encontré llena de flores. Varios y enormes arreglos de hermosas flores, de colores alegres y vivos que me recordaron al jardín de la noche anterior. ¡Qué detalle de David!, pensé y respiré profundamente el aroma esparcido por aquella naturaleza que invadía mi oficina.

Tomé la bocina del conmutador y marqué a la oficina de David.

—Hola, David, qué hermoso detalle, ¡no sabes cómo me gustó!

—Hola, pequeña —me respondió —yo también lo disfruté mucho. Fue una noche encantadora y muy divertida.

Era obvio que David hablaba de la cena en el Caribea de ayer. Entonces, ¿las flores no eran de él?

—La verdad es que yo hablaba de las flores que encontré en mi oficina.

—Yo no te he mandado flores, pero espera, voy para allá.

Colgué. ¿Quién podría haberme mandado tantas flores, y por qué?

Llegó David y vio mi oficina invadida de flores. Confundido me miró.

—No sé quién me pudo haber mandado estas flores. Desde que llegué aquí, las únicas flores que he recibido han sido tuyas.

David se quedó pensativo y se acercó a mí y me abrazó. Sentí un poco raro su comportamiento.

Llamé entonces a Mantenimiento para averiguar quién las había traído. Me contestó Juan, uno de los encargados, y me dijo:

—Un hombre llegó a las 7 de la mañana. Traía las flores en una camioneta. Nos pidió que las dejáramos en su oficina y se fue.

—¿Ya lo habías visto antes por aquí?

—Sí, he visto su camioneta afuera del edificio.

David y yo nos miramos sin saber qué decir. No me preguntó nada más.

—Nos vemos para comer, María —dijo al salir.

¿Se habría molestado por las flores? Yo no tenía ni la más remota idea de quién me las había mandado.

Pero, qué delicioso aroma en mi oficina. Quien haya sido, lo agradecí. Eran muy hermosas.

Me senté frente al escritorio y por unos segundos, me transporté al sueño de la noche anterior, y lo asocié con las flores, al tiempo que pensaba en las posibles personas que pudieron haberlas enviado: papá, Luis... No habían sido ellos.

Traté de despejar mi mente y continuar mi trabajo, pero me fue imposible. Simplemente no lograba concentrarme.

Me asomé entonces por la ventana que daba a la calle, vi cómo comenzaba a nublarse el cielo. Enseguida comenzó un aire que tambaleaba los pocos árboles que rodeaban el edificio y comenzaron a caer unas chispas de agua, cada vez con más fuerza, hasta que se convirtieron en una lluvia espesa y constante.

Las personas comenzaron a correr y refugiarse. En pocos minutos la lluvia se transformó en granizo, y enormes granos de hielo comenzaron a golpear las ventanas de mi oficina. Regresé a mi escritorio, traté de concentrarme en lo que estaba, pero no lo conseguí.

Así pasé la mayor parte del tiempo esa mañana, hasta que llegó la hora de la comida. Tomé mi bolsa y me dirigí a la cafetería.

Volteé buscando a David en la mesa de siempre, pero no estaba. Unos segundos después llegó Luis. No tardó en preguntarme acerca de las flores.

—¿Ya sabes quién te mandó las flores?

—No, sigo sin tener idea.

—¿Tendrás por ahí un admirador secreto?

Las palabras de Luis me molestaron. Estaba muy ansiosa, incómoda y alterada. Las flores, la lluvia intensa, la actitud de David, habían provocado en mí intranquilidad.

Respondí con una sonrisa entrecortada. Luis me conocía bien y supo de inmediato que yo no tenía ganas de hablar.

David no llegó al comedor. Pensé en hablarle, pero después de todo él era quien debía darme una explicación.

Comí sin él. Me serví una ensalada de lechuga con aguacate y queso de cabra, un pedazo de pan de ajo con ajonjolí, una limonada y un silencio rotundo en la mesa en la que me encontraba con Luis. Necesitaba regresar a mi oficina y así lo hice. Me disculpé tanto por mi estado de ánimo, como por levantarme antes de que Luis terminara de comer.

Al abrir la puerta vi a David sentado frente a mi escritorio, arrancando algunos pétalos de las flores que tenía a la mano.

— ¿Qué haces aquí, David? Te estuve esperando en el comedor.

—Tuve que salir y acabo de regresar, por eso vine directamente a tu oficina.

Se paró del asiento de mi escritorio y dejó que yo me sentara, mientras él tomó una silla y se acomodó justo frente a mí, observándome.

— ¿Qué tienes, David? Estás muy raro.

—Nada, nada. ¿Quieres que saquemos las flores de la oficina?

—A mí no me molestan, pero si tú quieres las podemos sacar y acomodarlas en los pasillos o en algunas oficinas.

—No, de ninguna manera. Si a ti te gustan, a mí también me gustan.

De nuevo, sentía esa tensión de su parte, entre celos y como si me estuviera ocultando algo. Enseguida dijo:

—No me puedo ir. ¿Cómo irme, teniendo frente a mí a la mujer más maravillosa que jamás haya conocido?

Sonreí.

—¿Te sientes bien, David? Siento que estás molesto, y sin embargo me dices estas cosas tan lindas.

—Me siento muy bien, pequeña, como no lo imaginas.

Se fue y yo me sentí tranquila. Él me amaba, eso era claro; ¿qué más podía pedir?

La tarde llegó a su final, el silencio en los pasillos crecía y las luces comenzaron a apagarse por secciones.

Me disponía a salir cuando apareció de nuevo David. En cuanto lo vi me levanté del sillón, lo abracé con fuerza y dejé que brotaran mis sentimientos más profundos. Me correspondió con el roce suave de su mano en mi rostro aún enrojecido.

Después, tomados de la mano recorrimos los pasillos hasta la puerta de salida.

Me fui a casa caminando.

———✷———

Al paso del tiempo, las cosas fueron tomando su lugar.

Fueron meses intensos pero equilibrados, y yo logré vivir con estabilidad aun cuando se presentaron problemas. Lo importante es que ya no hubo más momentos planos. Pude enfrentar las situaciones que te crean nerviosismo y tensión, las que están dedicados ciento por ciento al amor, las de familia, las de convivencia con amigos, las de la soledad, las que te ilusionan, las que esperas, las que te entristecen, las que no quieres que nunca acaben, y también aquellas a las que prefieres darles final.

Durante dos meses no volví a tener ningún sueño relacionado con Marieta, ni escuché más la melodía.

Todo estaba normal, eso entendía o quería creer.

—— * ——

Una mañana, antes de salir de casa, revisé mi buzón. Entre los recibos de pagos sobresalía un sobre con el borde en filo dorado. Era una invitación para un concierto de música. El grupo se llamaba Sonidos del Tiempo.

Nunca había oído hablar de ellos, y tampoco sabía de dónde venía la invitación. Pero no sería mala idea escucharlos, hacía mucho tiempo que no asistía a un concierto.

Al llegar a la oficina me topé de frente con David.

—Muy buenos días, mi pequeña.

—Buenos días, hombre guapo.

—Quisiera invitarla a usted a un concierto este sábado. Un amigo mío tiene un grupo y quiero que vayamos.

—De casualidad, ¿es un grupo llamado Sonidos del Tiempo?

— ¿Cómo sabes?

—Porque me mandaste invitación, ¿cómo más podría saber yo?
—¡Ah, claro, claro!, ¿sí te llegó?
Lo noté muy nervioso... Y cada uno tomó rumbo hacia su oficina.
Repasé su extraña reacción: tuvo que haber sido él, ¿quién más pudo mandar esa invitación?

———※———

Por la noche me fui a la cama contenta. Prendí la lamparita del buró y como de costumbre miré a Marieta. Se había convertido en mi sombra. Había momentos en los que incluso llegué a sentir sus pasos detrás de mí.

La lámpara se había quedado encendida toda la noche, la ventana estaba entreabierta. El buró y la pintura de Marieta tenían algo de polvo. Tomé del baño una toallita húmeda para limpiar la pintura y con mucho cuidado empecé.

De pronto sentí una extraña sensación en mi mano, como si hubiese tocado el cuerpo de alguien. ¡Marieta! Era su piel; me invadió un escalofrío.

Solté de inmediato la toalla dando un brinco hacia atrás, el impacto fue tal, que casi caigo desmayada.

Marieta estaba metida en mi vida, ¿qué quería?

Quizá nunca se iría de mi lado y seguiría conmigo para siempre.

Se acercaba la fecha del concierto y una voz dentro de mí, casi me obligaba a asistir.

———※———

Al día siguiente quedé de verme con David en una cafetería cercana a mi casa. El día había estado muy agitado, y casi no habíamos podido hablar.

Tenía ganas de verlo. Después de que ordenamos dos capuchinos y unas rebanadas de pastel, David comenzó a hablarme de su niñez.

—Fui el más rebelde de mi casa —aseguró —mi madre decía que tenía el pelo verde, por eso de las canas… pero reíamos juntos de todas mis ocurrencias. Con mi hermano Mariano llevé una buena relación. Me solapaba mis travesuras e inventábamos diferentes juegos. Después llegaron mis dos hermanas, a las que quiero mucho y trato de proteger siempre.

"Nací en esta ciudad y he vivido aquí siempre, salvo los años que estuve fuera estudiando. Cuando era niño teníamos una casa en la colonia Del Valle. Después nos mudamos a La Herradura a la casa en la que aún vivimos".

Y mientras describía ilusionado cada etapa de su vida me di cuenta de lo poco que sabía de él, a pesar del tiempo que llevábamos juntos.

Entre otras cosas y además de su carrera profesional, David había estudiado pintura en Bellas Artes y conocía a grandes personajes de las artes: escritores, músicos y pintores; me habló de la especial relación que había podido establecer con algunos de ellos y de cómo habían marcado su vida.

—Hace más de un año que no pinto. Me he dedicado al negocio de mi padre y no he me he dado el tiempo para hacerlo. Pero ya regresaré, y con una gran obra que serás tú.

Me pidió que le contara sobre mi Guanajuato; quería que le hablara de las costumbres, de los eventos que se organizaban en la ciudad y por supuesto también de su gente. Gustosa inicié:

—Guanajuato viene del vocablo tarasco *quanashuato*, que significa lugar montuoso de ranas. La llegada de los españoles fue el comienzo de la explotación de sus minas, descubiertas ya por tribus chichimecas.

Y seguí relatándole todo lo que sabía:

"El Cervantino es su principal evento, hoy en día es el festival de las artes más importante de Latinoamérica.

"Las calles de Guanajuato muestran una arquitectura muy particular, y los grandes edificios contrastan con las plazas, sin olvidar el famoso Callejón del Beso. Es una ciudad con historia y fue escenario de batallas heroicas durante la Guerra de Independencia.

"Y cómo no hablar de las tradicionales momias, museo reconocido mundialmente y enorme atracción para turistas, científicos y antropólogos".

Al hablar me sorprendí yo misma de la pasión que sentía por mi ciudad. Con cada descripción el pecho se me inflaba como pavo real. David lo notó y sonrió orgulloso.

Por la noche, cuando estaba a punto de acostarme, sonó mi celular. Era David: debía viajar a Chicago para ver una máquina de impresión. Salía al día siguiente por la mañana y regresaría en dos días, el día del concierto.

Sentí dentro de mí un vacío inexplicable. ¿Qué pasaría si no llegaba a tiempo al concierto? La verdad es que no quería perdérmelo.

¡Por Dios, es un simple concierto! ¿Qué me pasa?

CAPÍTULO 14

Un encuentro inesperado

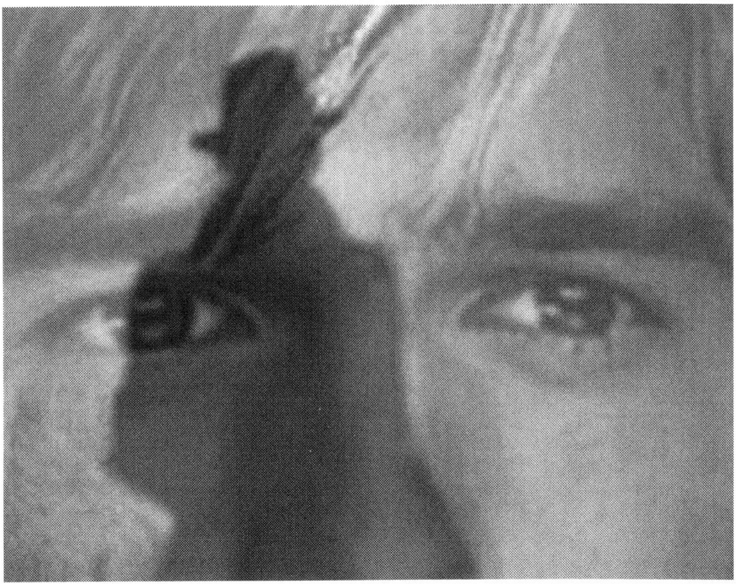

David regresó a tiempo para el concierto, y yo elegí para esa noche un vestido verde agua, mi color favorito. Prendí la televisión para matar tiempo, y un par de minutos después llamó David:

—Me es imposible llegar a tiempo por ti. Vete adelantando, María. Yo llegaré más tarde.

No me gustaba nada la idea de llegar sola. Tal vez era mejor no asistir, así que después de pensarlo un rato lo llamé:

— David, es mejor que no vaya. No quiero llegar sola. Ya habrá más conciertos para ir juntos.

— ¡Ve, María! Yo te voy a alcanzar ahí, te lo prometo. No vas a estar sola. No podemos dejar de ir. ¡No, María! ¡Ni se te ocurra!

— ¡Está bien, está bien, David! No te pongas así. Sólo te pido que trates de llegar lo más pronto que puedas. No quiero estar sola en un lugar que no conozco.

No comprendí su molestia. Era sólo un concierto. Su reacción me provoco confusión y... miedo.

Tomé un taxi hasta el Auditorio.

Al llegar saqué de mi bolsa la invitación para mostrarla. Un hombre amable me guió hacia una puerta apartada, y ahí me recibió una mujer que me llevó hasta el asiento asignado para mí.

No habían pasado ni veinte minutos cuando el lugar ya estaba al tope. Yo volteaba cada segundo hacia la entrada para ver si David llegaba. Estaba nerviosa y muy ansiosa a la vez.

Para distraerme volví a repasar la invitación: "Sonidos del Tiempo, un nuevo grupo mexicano conformado por cinco integrantes. Cada uno de ellos tocaba un instrumento diferente".

La primera llamada se hizo sonar. Esto no tardaría en comenzar, y David sin llegar.

—¡Segunda llamada, segunda llamada!

Mientras más se acercaba el momento, más nerviosa me ponía; intensos escalofríos invadían mi cuerpo y mi corazón se aceleraba cada vez más.

¡Tercera llamada, tercera llamada! ¡Comenzamos!

Los reflectores se encendieron y el escenario se iluminó por completo con colores dorados y rojizos. Poco a poco el telón fue abriéndose y los cinco integrantes aparecieron como por arte de magia. La música comenzó. ¡Era impresionante, mi piel se estremecía con cada nota!

La reacción del público palpitaba. ¡Qué momento! ¡Qué grandes y talentosos músicos! Estaba realmente encantada. David llegó por fin, acompañado como siempre de su peculiar y bella sonrisa. Se sentó a mi lado y besó mi frente. Cariñoso, tomó mi mano y juntos saboreamos el resto del concierto.

Un silencio total enmudeció el lugar: sonó un tono agudo, y enseguida escuché una nota que me sonó muy familiar. Era el comienzo de una hermosa melodía. ¡No podía creerlo! ¡Estaba escuchando la melodía misteriosa! Aquella que me perseguía.

¿Pero qué tenía que ver David con la melodía al celular? Volteé y lo abracé con fuerza. ¡No pude contener mi emoción! ¿Era por eso la insistencia de que asistiera al concierto?

Cuando terminaron los aplausos, de detrás del escenario salió un hombre con un sombrero negro y dijo:

—Esta melodía es de mi inspiración, y la dedico con todo mi cariño a María Valencia.

¡Qué gran detalle de David! Estaba tan conmovida que no pude contener el llanto. No dejaba de ver a mi amor enternecida.

— ¿Él es tu amigo, David? ¿Le pediste que tocara esto para mí? ¿Cómo supiste que desde hace mucho esta melodía la he oído un y otra vez en mi celular?

—Sí, María. Él es mi gran amigo, ¿ya lo viste bien?

Regresé la mirada hacia el escenario y vi al hombre que hablaba. ¿Era el mismo que había estado en la fiesta de aniversario? Al parecer sí. El público aplaudía, y él, para agradecer, agachó la cabeza y se quitó el sombreo. ¡No podía creer lo que estaba viendo! ¡No entendía nada!

—¡Es Nicolás!

Miré a David sin comprender lo que estaba ocurriendo, y él simplemente tomó mi mano y dijo:

—Sólo espera lo que sigue, disfruta este momento, María.

No tuve más palabras, temblando regresé la mirada al escenario.

Los músicos abandonaron el escenario, pero Nicolás se quedó ahí, tomó una guitarra y se sentó en uno de los bancos.

No pude contener el llanto. Comenzó a tocar la canción que nos reencontró en la fiesta en preparatoria, "Memorias".

Todo esto era demasiado para mí. Inesperado, sorpresivo. Frente a mí estaba el hombre que había amado locamente y junto a mí, el hombre que me había regresado la ilusión del amor.

Nunca hubiera imaginado siquiera que el amigo de David fuera Nicolás. Por supuesto había sido Nicolás quien había estado en la fiesta de aniversario de *Mística*. Por lo menos estuvo entre el público mientras yo leía el discurso. No podría dejar de reconocer el sombrero negro. No sabía qué pensar ni qué esperar.

—María —dijo de pronto David —tienes que escuchar a Nicolás. Él te explicará todo.

Sin decir palabra, asentí con la cabeza.

—Sólo dime si me amas —concluyó.

De mi boca no salió una sola palabra. Realmente no supe qué contestar. ¿Qué iba a decirle a Nicolás? ¿Qué me diría él? En silencio platiqué con Dios.

El concierto terminó, y David y yo caminamos hacia la salida sin hablar. Unos minutos después dijo:

—Tenemos que esperar a Nicolás aquí. Habla con él, después él te llevará a tu casa de regreso.

—Está bien.

Claramente estaba todo planeado. Vi cómo la gente salía sonriente del Auditorio, y entre la muchedumbre alcancé a ver a un hombre que me parecía familiar, y enfoqué la mirada. ¡El señor Prado! ¿Qué hacía aquí?

Pasaron varios minutos de espera y de silencio entre nosotros. No hubo más preguntas. A lo lejos vi a Nicolás, y a medida que se acercaba y sus pasos se hacían cada vez más fuertes, no pude contener la emoción y sin pensarlo, me abalancé hacia él para abrazarlo con fuerza. Conmovido, me correspondió tiernamente.

—Los dejo solos para que hablen. Mañana te veré, María —dijo David mientras se alejaba.

—Gracias por todo, amigo —respondió Nicolás.

David le soltó una dura palmada a Nicolás en el hombro y se fue. Seguí sin palabras.

Nicolás y yo fuimos a una cafetería cercana y durante el trayecto sólo hubo silencio, acompañado de lágrimas que brotaban sin parar.

Sentados ya de frente, comenzamos a hablar.

—Te parecerá extraño que esté yo aquí, ¿no es así, María?

—Sí, y en realidad no entiendo nada. Me gustaría saber qué está pasando.

—Nunca te dejé, María. Nunca te abandoné. Me alejé físicamente de tu lado, pero mi mente nunca se fue.

—Explícate, por favor.

—Sí, María. David es amigo mío desde la infancia. Nuestras familias han sido amigas desde hace mucho tiempo. Somos como primos, aunque sólo sea de cariño. Cuando crecimos nos distanciamos un poco porque, como sabes, mi familia se fue a vivir a Guanajuato. Después yo regresé a vivir a la Ciudad de México, y David y yo retomamos nuestra vieja amistad.

"Me aparté de tu lado no obstante el terrible escenario que había en tu casa; sabía mejor que nadie de tu sufrimiento. Me sentí terriblemente mal al abandonarte, y sentía una enorme necesidad de reparar mi daño".

"Fui yo quien te recomendó con la revista *Mística*. Hablé con mi tío para que te contrataran. Sabía que esto era importante para tu vida".

"Siempre estuve orgulloso de ti, de la gran mujer que eres y sé que lo mereces todo en la vida. He estado al pendiente de tu trabajo y de tus logros, que me han llenado de orgullo y alegría. Siempre he estado a tu lado"

"Escuché con orgullo el discurso del aniversario de *Mística*… te veía tan bella y llena de luz, que alumbrabas cada esquina del escenario".

"Fui yo quien llenó de flores tu oficina aquella mañana, moría por hacerlo desde hace tantos años…".

"He pensado en ti todos los días de mi vida. No te culpo si me odias, yo también me odiaría. No lo reprocharé. Lo que te hice fue vergonzoso, pero tenía que hacerlo".

—No te odio, Nicolás, pero no puedo creer lo que está sucediendo. No sé si debo agradecer tu preocupación o reclamarte. ¡Pero eso ya qué más da! ¿Tienes idea de lo que sufrí por ti? ¿De la falta que me hiciste? Derrumbaste mis ilusiones. Me quedé vacía, sola, con un enorme dolor, tan grande, que no cabía en mi pecho. Fuiste muy egoísta por pensar sólo en ti y dejarme. Ya no me importa si otra mujer ocupó tu corazón.

—No te dejé por una mujer. Te equivocas, María.

—Entonces, ¿por qué lo hiciste? ¿A qué engaño te refieres?

—Quisiera ahorrarme los motivos, pero sé que tengo que hablar. No puedo ocultarlo más, María, mi amor: siempre has sido el amor de mi vida. No ha habido nadie después de ti.

—Déjate de rodeos y explícame.

Mis ojos se llenaron de lágrimas, mi cuerpo no dejaba de temblar.

—Me fui porque me estaba muriendo.

—¿Cómo? ¿De qué hablas?

—En ese tiempo me detectaron una terrible enfermedad. Mi estado era crítico, pues el mal avanzaba con rapidez.

Y Nicolás siguió hablando:

"Tuve sólo un par de semanas para asimilarlo. Estuve muy deprimido durante varios meses, pues en Guanajuato no había equipo suficiente para lo que yo necesitaba. Me trasladaron para acá, y al poco tiempo me llevaron a Houston. Ahí estuve varios meses".

"Yo quería seguir viviendo aun cuando los doctores prácticamente me habían desahuciado. Hice todo lo posible por salvar mi vida. Mi familia estaba destrozada de dolor, y tuve también mucho miedo por ellos. Pero mi mayor temor era pensar no volver a verte".

"Tenía que buscarte y suplicarte que me perdonaras, que mi amor por ti jamás murió. Por el contrario, cuando me fui era más grande que nunca. Ahora estoy un poco mejor. Tengo altas y bajas con esta enfermedad, pero el pronóstico es que puedo llevar una vida casi normal".

Me solté inconsolablemente en llanto. No podía creer lo que estaba viviendo: el hombre que siempre amé estaba frente a mí, y había estado al borde de la muerte.

—¿Por qué no me lo dijiste? Nunca te hubiera dejado solo.

—Lo sé, María. Sé que no me hubieras dejado, eso nunca lo dudé. Pero tú misma estabas pasando por situaciones muy duras en tu vida, con tu familia. Yo no quería que tuvieras más problemas, no quería sumarte otra desgracia, no deseaba que sufrieras, además de por todo lo que te estaba pasando, por mi enfermedad.

—Pero, aun así, me hiciste pasar por el dolor de tu partida, que me costó años superar.

—Ahora lo sé, mi niña. Perdóname por favor, te lo suplico. Realmente pensé que iba a morir. Y ahora que sigo aquí, sé que tienes otro amor y no es un tipo cualquiera. Es mi mejor amigo, mi mejor primo y un gran hombre.

—Me siento muy mal, Nicolás, por favor no sigas. Te suplico que me lleves a mi casa.

Llegué hasta mi casa hecha un mar de lágrimas, me dolía el pecho y mi cabeza estaba a punto de explotar. Solo quería dormir.

——‡——

He vuelto al jardín; sigue bello y colorido. Estoy a espaldas de las puertas, volteo la cabeza para mirar y sólo veo la última puerta. ¡La llave! ¿Dónde está? Metí la mano derecha en uno de mis bolsillos para sacarla, y pude comprobar que aún la guardaba.

Finalmente logré abrir la tercera puerta, y lo primero que vi fue a Marieta de pie, al lado de una silla y sentado en ella un hombre que no alcanzaba a distinguir.

Marieta me miró sonriendo. El hombre me encaró y en ese instante mi miedo se transformó en fragilidad total.

Ese hombre que en sueños anteriores había ocultado el rostro, era Nicolás. Sí, era mi Nico.

—— ✳ ——

¡Desperté! Era sábado y eran las 6 de la mañana.
Mis ojos se encontraron con los de ella una vez más:
—Estuviste en mis sueños, y junto a él —le reproché.
¿Pero qué tenía que ver Marieta con Nicolás? Y mientras le hacía esta pregunta al cuadro recordé al señor Prado en el concierto.

La primera llamada del día fue de David, quería venir por la tarde, pero yo le pedí que no lo hiciera. Necesitaba tiempo para pensar. Mi cabeza vivía lo más parecido a una revolución.

Su voz se apagó y colgó el teléfono.

Ahora entendía el asombro de David al ver la pintura de Marieta, las constantes preguntas sobre mi vida y mi pasado amor, la comprensión que mostró con lo de las flores, el amigo del hospital… Finalmente entendía todo.

Todo comenzaba a aclararse. Debía encontrar a Nicolás.

Me comuniqué con él, y lo cité en el Caribea; tenía que llegar al fondo de todo.

Nicolás ya estaba ahí cuando llegué. No me esperaba en una mesa como suponía que debía estar. Daba instrucciones a los meseros, justo afuera de la cocina. Caminó después hacia mí, me asignó una mesa y enseguida me ofreció algo de beber.

—¿Qué haces atendiendo este lugar? También trabajas aquí, supongo.

—María, compré y abrí este lugar que era de mis abuelos. Ahora yo me encargo de él, porque he tenido la ilusión de sacarlo adelante y regresarle aquellos tiempos de gloria. Este sitio fue el orgullo de mi abuela.

Toda la información que buscaba llegó a mí en milésimas de segundos. Enmudecí. Era claro. Nicolás era el nieto de los señores Prado, nieto de la mujer que me perseguía y que insistía en decirme algo día y noche. No asimilaba del todo lo que escuchaba. ¿Cómo no me había dado cuenta?

¿Cómo asociarlo con los señores Prado y cómo imaginar siquiera que su apellido era compuesto? Nicolás Fernández Guerra. Nunca creí que además tuviera un apellido materno, y menos aún que éste fuera Prado.

Le pedí a Nicolás que se sentara a mi lado. Mirándolo a los ojos, pregunte:

—¿Quién es Marieta?

—Marieta es mi abuela, mi dulce abuela.

No pude evitar el llanto. Como bien había dicho Nicolás, nunca me abandonó. Siguió vigilando mi vida.

Le platiqué por fin lo que había estado sucediéndome meses atrás, y le hablé en especial de los sueños extraños. En todos ellos aparecía su abuela, siempre con inquietud, tratando de decirme o de mostrarme algo.

Los ojos de Nicolás crecieron al doble de su tamaño. Respiraba rápidamente, mientras contenía el llanto. Después me tomó las manos y las envolvió entre las suyas. La conexión era inevitable.

—No puedo creer lo que estás diciendo, María. No concibo que mi abuela haya intentado interferir ante mí.

— ¿De qué hablas?

—Mi abuela murió, y en parte fue mi culpa. Desde que supo de mi enfermedad fue decayendo y todo el proceso la fue desgastando.

"Ella me quería tanto que daba la vida por mí. Me lo repetía una y otra vez. Todas las tardes me visitaba en hospital, y cuando estuve en Houston estuvo a mi lado sin despegarse un solo instante. Siempre tuve sus abrazos, su cariño y sobre todo, siempre me escuchó".

"Fue mi confidente del gran amor que siempre he sentido por ti. Ella supo de mi preocupación por ti, que me fui de tu lado aún amándote, que me alejé para no hacerte más daño con mi enfermedad. En mis días de angustia, al no tenerte a mi lado, todo lo compartía con ella. En muchas ocasiones estuvo a punto de llamarte para aclararte todo, pero yo siempre se lo impedí".

"Mi abuela Marieta rezaba por ti todos los días, aprendió a quererte aun sin conocerte, y prometió que cuando yo no estuviera ella vería por ti y te protegería".

Las manos me sudaban y mi cuerpo no dejaba de temblar. Lo abracé, y sentí cómo caían sobre mí una cascada lágrimas tibias. No era creíble lo que escuchaba. Pero lo era.

—Nunca imaginé, María, que ella se iría antes que yo. Yo sé la cantidad de veces que le ofreció a Dios su vida por la mía. Y una mañana dentro de este restaurante antes La puerta dorada, se sentó en la mesa que da a la calle con una taza de café en mano, para después desvanecerse y morir.

—¡Es increíble lo que me cuentas y tan difícil de creer! Me siento tan confundida, no sé qué decir ni qué pensar.

—No digas nada. Ahora entiendo que mi abuela estuvo en tus sueños para ayudarte y para hacerte entender que tienes mucho por vivir, para abrir tu corazón aprisionado, para mostrarte que aún en momentos difíciles sigue habiendo por qué luchar, por qué vivir. Ella estuvo contigo todo este tiempo, y yo me siento profundamente conmovido y agradecido.

Había estado tratando de entender lo que Marieta intentaba decirme, pero no sabía quién era. Ahora que lo sé, comprendo mejor. No podía vivir para llorar o reír eternamente, puesto que siempre existe una esperanza, una puerta abierta para seguir el camino, y a pesar de la tormenta, el sol siempre vuelve a salir.

—Mi abuela me amaba tanto que protegió lo que más quiero, que eres tú, y quiso mostrarte una mejor forma para vivir.

—Estoy segura de que así fue.

Nos abrazamos y lloramos, y no nos importó que la gente del alrededor nos viera. Finalmente estábamos otra vez unidos después de más de cuatro años de separación.

—Nunca dejé de amarte, María. Eres y serás siempre mi más grande amor, aun cuando yo ya no sea el tuyo y tu corazón pertenezca a otro hombre.

Había olvidado por completo a David. Mi corazón se encontraba confundido. No sabía qué hacer.

Me levanté de la mesa y empapada en llanto lo besé. Salí del restaurante sorprendida y confundida a la vez. Tomé camino hacia mi casa. Necesitaba tiempo para pensar y comencé a hacerlo mientras caminaba.

Era claro que aún sentía amor por Nicolás, pero también era real lo que sentía por David. Finalmente él era el hombre que había regresado la esperanza del amor a mi vida, la ilusión. Y ahí estaba también Nicolás, finalmente dándome la explicación que tanto pedí.

¡Dios mío! Esto me estaba siendo muy difícil. Una mezcla de sensaciones carcomía mi estómago.

Al llegar a casa me quedé dormida un par de horas. De pronto sonó el teléfono y me despertó. Era David.

—¿Cómo estás, María? ¿Ya hablaste con Nicolás? ¿Cómo te sientes con todo lo ocurrido?

—Ahora más tranquila, pero confundida. Quiero ser sincera contigo, David. Necesito tiempo para pensar en mí y en lo que quiero.

—Te entiendo, María, créeme. Yo nunca quise que las cosas fueran así. Si he de serte franco, fui el primero en pedirle a Nicolás que te buscara y te explicara todo. No valía la pena tanto sufrimiento.

"Pero al conocerte me fue imposible no quedar cautivado por ti. Sabía tu historia, me conmovía y a la vez me atraía. Nunca busqué ni imaginé enamorarme de ti, pero al final sucedió. Nicolás lo entendió. Yo sabré esperar. Tómate el tiempo necesario para decidir".

—Ya no digas más. Siento un nudo en la garganta. Sólo te pido tiempo.

Colgué el teléfono, no podía dejar de temblar. Era la decisión más difícil de mi vida.

Necesitaba un consejero en ese momento, alguien que me escuchara y me diera su opinión.

No dudé ni un instante en marcar a mamá. Nadie me conocía mejor que ella. Le rogué que viniera a México, que la necesitaba más que nunca.

Creí que no aceptaría. A mi madre no le gustaba mucho salir de su casa y menos de su ciudad. Me sorprendió con un:
—Claro, hija, voy para allá.

¡Qué alegría saber que estaría conmigo! Después de hablar con ella, sentí cierta tranquilidad. Debía relajarme, de lo contrario me volvería loca.

Intenté distraerme con trabajo pendiente, cosa que me fue imposible. Un montón de imágenes transitaban por mi mente y en todas ellas aparecían David y Nicolás. No podía apartarlos de mi cabeza ni un momento.

Mi madre llegó al día siguiente, domingo, poco antes de la hora de la comida; tan cálida y hermosa como siempre. En cuanto la vi, la abracé mientras me ahogaba en llanto.

—¿Qué sucede, hija?, ¿qué pasa? No me gusta verte sufrir.

Esa misma tarde le conté todo lo sucedido en los últimos meses.

Correspondió a mi dolor llorando junto a mí. Estaba sorprendida y asustada a la vez.

— ¡Qué falta me hacías, mamá! ¡Nunca te había necesitado tanto! Hace mucho tiempo que intentaba decirte lo mucho que te quiero y te necesito.

—Durante todo este tiempo en tu ausencia, he entendido tantas cosas, mi niña, y te pido perdón por no estar a tu lado en los momentos más difíciles para ti. Con el accidente de tu hermano no me di cuenta de lo mucho que sufrías, y tu padre y yo tan lejanos de ti... Perdón por no haber atendido tus problemas y tus necesidades. Quisiera poder recuperar ese tiempo que no te dediqué cuando tanto lo necesitabas.

—Aunque sí los necesité, no les puedo reprochar nada. Sabía que ustedes también sufrían y traté de entenderlos siempre. Pero hoy es diferente, porque he aprendido a no encerrar más mis sentimientos, a dejar fluir libremente mis emociones. Comprendí que todo tiene una causa y que siempre hay un camino por seguir, sólo hay que encontrarlo. ¡He aprendido tanto, mamá, que no tengo palabras para describir lo que soy hoy! ¿Pero sabes?, hoy tengo una incógnita a la que no he encontrado respuesta. No sé a quién de los dos amo.

Después de una larga charla, acabamos abrazadas. Creí por fin tener la respuesta.

———✢———

Por la noche tocaron a la puerta. ¡Qué sorpresa! Era el señor Prado. Se veía ansioso.

—¿Qué tal, María? Te sorprenderá verme aquí. Necesito hablar contigo, no te quitaré mucho tiempo.

—Sí, señor, pase, por favor.

Estaba nerviosa, ¿qué querría decirme?

—Vengo de hablar con Nicolás. Me ha contado parte de la historia que vivió contigo, y también me dijo que mi esposa ha estado en tus sueños. He de confesarte que lo que me ha dicho me dejó con la boca abierta, y quiero que sepas que te envidio, porque después de que murió Marieta yo muy pocas veces he soñado con ella. Quiero saber más, ¿cómo la ves en tus sueños? ¿Está bien?

Enmudecí al instante, todavía me parecía imposible lo que había estado viviendo. Respiré profundamente y respondí:

—En realidad, señor, en ninguno de mis sueños he podido hablar con ella. Al principio se mostraba muy angustiada, pero en mi último sueño su rostro era otro, estaba relajada. Supongo que está muy bien, señor Prado. Creo que ahora está muy bien.

—Amaba a mi esposa con toda mi alma, tanto como te ama Nicolás a ti, ¿sabes? Era una excelente mujer, siempre preocupada por los demás y aún más tratándose de su nieto.

"Cuando Nicolás enfermó, Marieta y yo estuvimos con él acompañándolo. ¿Sabes, María?, él ha sido muy fuerte y ha logrado salir adelante. Él me ha dicho todo lo que pasó contigo y, por eso quise venir a verte".

—No sé qué decirle, señor. Sólo agradecerle la molestia que se tomó al venir a verme y abrir su corazón para contarme parte de esta historia que nos concierne a ambos. Gracias, señor Prado.

Ahora entendía por qué tantas veces Nicolás comentó lo importante que eran los abuelos para un niño. Recuerdo lo cariñoso que fue siempre con los míos.

—— ✳ ——

La mañana del lunes, cuando mamá salió de bañarse, yo ya le tenía listo el desayuno: unos ricos chilaquiles rojos con mucha crema, jugo de zanahoria y una humeante taza de café de amaretto.

Después salí hacia el trabajo; ya era tarde.

En la entrada de la empresa me esperaba David, con su increíble sonrisa.

—¿Cómo estás, pequeña? Te he extrañado tanto, pero no te quiero presionar. Sólo decirte que te quiero y que lo único que deseo es tu felicidad, conmigo o sin mí.

—Gracias, David, por ser la persona tan maravillosa que eres.

Llevaba un cuadro envuelto cuidadosamente en papel burbuja.

—Esto es para ti. Es algo que te debía y espero que te guste.

Me acerqué a él y lo besé en la mejilla agradeciendo el regalo.

Seguí mi camino hacia la oficina, apenas podía contener el llanto: ¡estaba tan confundida...!

Cuando creía tener la respuesta, algo pasaba que me hacía volver a dudar y regresar a cuestionarme qué quería en realidad. Rogué a Dios con el corazón que me iluminara. Tanto a Nicolás como a David los quería, pero sabía que sólo debía amar a uno.

Comí con Luis y Renata, y poder hablar con ellos me tranquilizó un poco. Sin embargo, sabía que la decisión que tomara, cualquiera que fuera, tenía que ser sólo mía. Mi madre estaba conmigo y eso me daba fuerza. Sabía que al final lograría tomar la decisión correcta. Sentía una gran paz con mamá a mi lado.

Al llegar a mi casa por la tarde, abrí el regalo de David. ¡Qué belleza! ¡Era mi retrato! David me había pintado.

Lo coloqué muy cerca de la pintura de Marieta y me senté en la cama para admirarlo desde la distancia. Las comparé y descubrí que ambas tenían un estilo muy similar, el mismo fondo multicolor, tonos casi idénticos…. Me acerqué aún más y vi que tenían las mismas iniciales en una de las esquinas; eran tan pequeñas que no lo había notado antes. D. R., ¡claro! David había pintado esta pintura para la abuela de Nicolás. ¿Cómo no lo había pensado antes?

———— ✢ ————

Mi vida ahora había tomado un nuevo rumbo.

Ya no era más la adolescente ni la adulta estrenada. Hoy era simplemente mujer, una mujer con dos tallas más, con el pelo más corto y unas cuantas canas, pero con un montón de vivencias que hoy me hacían ser mejor. Era la misma María Valencia, pero más fortalecida, mucho más.

Regresé a Guanajuato a reencontrarme con mi pasado y a compartirle mi presente.

No trabajé más en *Mística*. Decidí poner mi propio negocio y abrí una pequeña imprenta en mi ciudad. Después me casé con el hombre que amaba tanto, tanto como la Tierra al sol.

CAPÍTULO 15

La esperada magia llegó

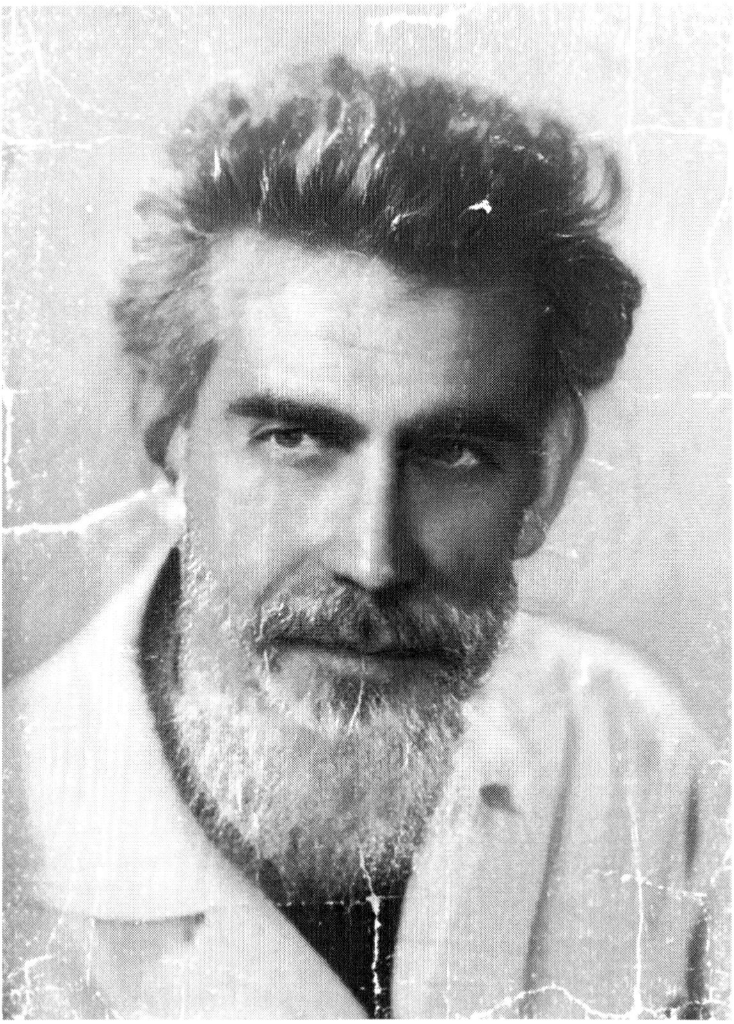

Guanajuato, primavera de 2010.
Plaza de la Paz

Ana y yo, mi pequeña hija de siete años, estamos disfrutando de un exquisito helado cremoso de vainilla con caramelo, al tiempo que contemplamos la belleza de mi ciudad, tal como aquella tarde cuando estuve con el abuelo Miguel.

El recuerdo llegó a mi mente con fuerza, como si él estuviera aún presente. Sí, el abuelo Miguel. Visualicé su silueta de hombre maduro, sus canas, su sonrisa, perfecta y sincera. Experimenté la misma sensación de cuando era niña y me sujetaba la mano con ternura. Pude volver a sentir los suaves surcos de sus manos arrugadas.

Lo sentí tan cerca...

De pronto la voz de mi hija interrumpió mis pensamientos:

—Mira, mamá, ahí viene papá con el abuelo y el tío Ignacio.

A la distancia se veía a mi padre tirando de la silla de ruedas de Ignacio, que sonreía notoriamente a pesar de la distancia; a un lado mi esposo, el hombre que después de tantos años aún me hacia suspirar.

Nos levantamos de la banca y corrimos emocionadas hasta ellos. Ana con cariño se abrazó del abuelo Alberto, mientras yo abrazaba y contemplaba a mi Nicolás, el gran amor de mi vida, el que nunca salió de mi corazón, y con quien estaba escrito mi destino en esta mágica historia de amor.

Tomados de la mano, caminamos por las estrechas y pintorescas calles guanajuatenses. En el silencio interior de mi alma recordé las inolvidables palabras del abuelo. Las sentí tan profundas como las había sentido él en aquel momento. Y yo a su lado me endulcé de ellas.

Con el tiempo he aprendido a vivir al ritmo justo que me ha tocado hacerlo, no soy perfecta y estoy muy lejos de serlo. He tenido fallas en la vida, pero he aprendido a luchar, he ganado y he perdido, y mi vida ha continuado su rumbo.

He intentado contemplar cada momento del día. He valorado y asimilado las acciones equivocadas, así como las correctas. He aprendido de mis padres, hermano, maestros y mayores, así como de mi hija hoy.

He formado la familia más maravillosa que nunca imaginé, sin sacrificio alguno. No puedo pedir más. Soy afortunada. A mis treinta y cinco años mi alma vive como cuando tenía quince. Siento ilusión al caminar, al reír, al conocer, al aprender de cada acontecimiento a mi paso. Agradezco respirar y despertar cada mañana. Siento una profunda emoción al estar con mi familia en un lugar hermoso, con un día soleado y el sonido del canto de los pájaros, y con un delicioso helado al lado de los que amo.

¿Cuántas veces habrá llegado la magia a mi abuelo? Con seguridad muchas más que aquella ocasión conmigo. Quizá su primera vez fue junto a mamá y en este mismo lugar.

La esperada magia finalmente había llegado. Volteé al cielo y respiré profundamente.

ÍNDICE

CAPÍTULO 1
El ayer y el presente 9

CAPÍTULO 2
La magia del abuelo 17

CAPÍTULO 3
Nostalgia y dolor 27

CAPÍTULO 4
Nicolás 39

CAPÍTULO 5
La melodía 57

CAPÍTULO 6
Sueños extraños 67

CAPÍTULO 7
Un encuentro y más sueños 91

CAPÍTULO 8
Problemas en Mística 109

CAPÍTULO 9
El pasado regresa 117

CAPÍTULO 10
Puerta Dorada 125

CAPÍTULO 11
Exitoso aniversario 141

CAPÍTULO 12
María comienza a curarse 183

CAPÍTULO 13
De Puerta Dorada a Caribea 191

CAPÍTULO 14
Un encuentro inesperado 207

CAPÍTULO 15
La esperada magia llegó 231

Daniella Pérez Rojano, nacida en Querétaro, Querétaro, tiene estudios en cinematografía y fotografía.

Diplomados en guion cinematográfico, talleres de literatura, redacción de textos, y animación.

Trabajó en una casa productora como guionista y caricaturista. Como fotógrafa ha realizado exposiciones independientes, como Expresiones de inocencia y Bajo el cielo de África. En cuanto a su labor como escritora, ha escrito algunos cuentos y ensayos, y la publicación de su primera novela *El brillo de mi sombra*.

@Daniella Pérez Rojano - escritor
@daniella _perezrojano

Made in the USA
Columbia, SC
04 November 2022